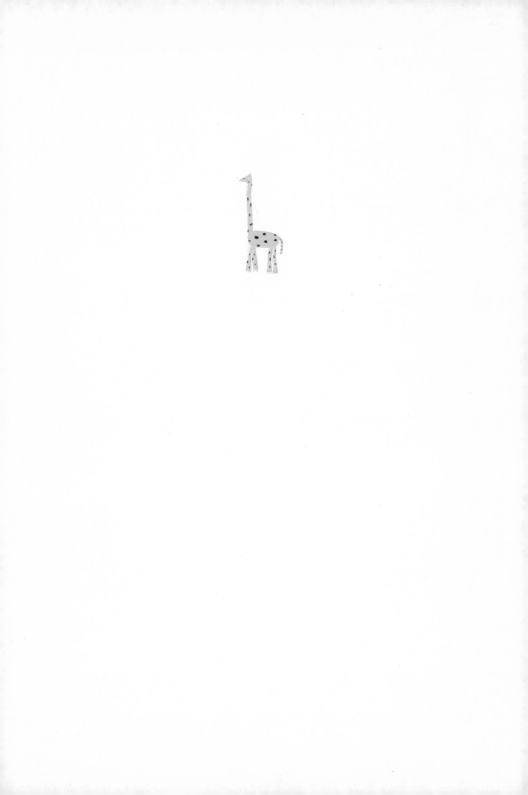

희망과 용기의 꽃 이지선 이야기

지선아 사랑해

이지선

〖이레〗

네번째 이야기　어제와 다른 오늘, 오늘과 다른 내일

이름? >>> 이지선

생일? >>> 1978년 5월 24일(일명 '오이 사세요~'의 날. 다른 사람들이 내 생
일을 쉽게 기억하게 하려고 생각해낸 것.)
그리고 2000년 7월 30일

혈액형? >>> O형

가족관계? >>> 아빠(거북이 아빠), 엄마(은근 계모), 오빠(오까)

종교? >>> 기독교

학교? >>> 서울 둔촌초등학교 → 세륜초등학교 → 오륜중학교 → 창덕여자
고등학교 → 이화여자대학교 사범대학 유아교육과

별명? >>> 왕경태(만화 〈영심이〉에 나오는 남자애. 큰 안경에 짧은 머리 때문

에 어린 시절 생긴 별명)

샬랄라 공주(주위에서 난리가 나는데도 늘 즐거운 만화 영화 속 공
주. 사실은 약간 맛이 간 듯한….)

뽀~(텔레토비의 막내. 샬랄라 공주와 같은 맥락)

할머니(사고 후 생긴 별명. 누워서 동네 간섭 다 하고 잔소리도 엄
청 한다고.)

가장 좋아하는 향? ⟫⟫⟫ 방금 한 빨래에서 나는 깨끗한 냄새

세상에서 최악의 기분? ⟫⟫⟫ 사고 후 중환자실에서 정신이 들며 내게 뭔가 엄
청난 일이 일어났다는 걸 본능적으로 느꼈을 때

기분 좋을 때? ⟫⟫⟫ 노래를 흥얼거리거나 나만의 댄스를 춘다. 또 '사랑의
총알 쏘기'도 함.

좋아하는 색깔? ⟫⟫⟫ 진짜 하늘색

운전하기를 좋아합니까? ⟩⟩⟩ 예! 스키 타듯이 내려가던 미시령 고개를 잊을 수가 없네요~.

다시 운전할 수 있겠지요? ⟩⟩⟩ 넵!

초콜릿 or 바닐라? ⟩⟩⟩ '초콜릿 바닐라 믹스'를 좋아해요.

별자리? ⟩⟩⟩ 쌍둥이자리

받고 싶은 선물? ⟩⟩⟩ 1999년과 같은 피부

버릇? ⟩⟩⟩ 혼날 때 속으로 노래 부르기(장점 : 아무리 혼나도 화가 안 나고 겉으로는 반성하는 것처럼 보임. 우울해지려는 기분을 끌어올리는 데 효과 있음. 단점 : 전에 한번 소리가 밖으로 나오는 바람에 엄마에게 들켜서 이후로는 혼날 때마다 "너 지금 노래 부르고 있지?"라며 더 혼내심.)

즐겨 부르는 노래? 〉〉〉 찬송가, 찬양, 가요, 팝송에서 애국가까지… 기분 좋으면 막 지어서 엉터리 노래를 부르기도 함. 좋아하는 찬양은 '나 주님의 기쁨 되기 원하네', 가요는 윤종신의 '길'.

왼손잡이 or 오른손잡이? 〉〉〉 전에는 오른손잡이였는데 오른손을 많이 다친 관계로 왼손잡이로 변신

가장 좋아하는 숫자? 〉〉〉 3

듣기 좋은 말? 〉〉〉 "너 엄청 좋아졌다!"

보물? 〉〉〉 홈페이지 '주바라기'에 네티즌 여러분들께서 써주신 글

꿈? 〉〉〉 희망을 전하는 선교사, 상한 마음을 치료하는 상담사

행복하고 싶으세요?

모든 걸 잃은 것 같지만…

모든 걸 잃은 것 같지만, 아무것도 할 수 없게 돼버렸지만…
가고 싶은 교회도 성가대도 학교도 맘대로 갈 수 없지만…
그렇게 모든 걸 잃은 것 같지만…

약함 가운데, 상처투성이 몸 가운데, 짧아진 손가락에도
하나님은 생명을 주시고, 소망을 주시며
날마다 하나님을 향해 손 들고 찬양하고 싶은 마음을 주십니다.
내가 기도했던 모습은 아니지만…
하나님은 삶을 누리게 하시며,
큰 일보다는 의미 있는 일을 하게 하실 것을 믿습니다.

며칠 전부터 산책을 시작했어요.
병원 로비에서 뛰기도 하고 엄마를 휠체어에 태워 밀기도 하고

거의 한 달 만에 밖에 나갔어요.
병원 나무에 걸린 크고 아름다운
크리스마스트리 장식도 보았고요,
흰 눈이 펑펑 내리는 것도 봤어요.

오 하나님 감사합니다.
살아 있어서 흰 눈도 보게 하시고
추운 겨울을 다시 맞게 하시니!

지선이는 축복받은 사람입니다.

2001. 1. 11.

(사고 후 처음으로 쓴 글)

영화 한 편

영화의 주인공은 스물세 살 먹은 여대생입니다. 잘 웃고 사람들과 어울리기 좋아하는 그런 평범한 여대생입니다. 대학교 4학년인데 그제야 하고 싶은 공부를 찾아냈다며 대학원을 가겠다고 부산입니다. 평소엔 혼자서 아무것도 못하던 아이가 매일 저녁 학원에 다니고, 심리학 수업을 더 듣기 위해 여름방학 내내 학교를 다니기로 결심합니다. 그리고 여름이 한창일 무렵, 내년이면 오빠도 회사에 다닐 테고 네 식구가 함께 여행할 기회가 없을 거라며 가족 여행을 가자고 졸라댑니다. 이미 다른 계획이 있었던 부모님은 그녀가 마지막이 될지 모른다며 하도 졸라대는 바람에 함께 여행을 떠나기로 합니다. 어쩌면 그녀는 이미 자신의 마지막을 예감했는지도 모르겠습니다. 여행은 아주 즐거웠습니다. 더 이상 이렇게 행복할 수 없을 정도로 완벽한 여행이었습니다. 그리고 그 다음날 여느 때와 다름없이 주일 예배를 드렸고, 곧 시험인지라 성가대 연습을 거르고 오빠와 함께 학교 도서관으로 갔습니다. 그 일이 그녀의 인생을 송두리째 바꿔놓으리란 건 까맣게 모른 채 말입니다.

그날은 기분이 조금 이상했습니다. 뭔가 이상했습니다. 학교에서 인터넷이 접속되지 않고 공부도 잘 안 되었습니다. 밤 10시, 주인공은 도서관에서 나옵니다. 학교 후문에서 오빠를 만나 집에 가기로 했기 때문입니다. 학교에 늦게까지 남아 있는 날이면 늘 그렇게 집에 함께 왔습니다. 그런데 그날 주인공과 그녀의 오빠는 집에 돌아오지 못합니다.

오빠와 주인공이 탄 차가 신호를 기다리며 서 있는데 뒤에서 술에 만취한 운전자의 차가 그들의 차를 향해 돌진한 것입니다. 큰 사고였습니다. 차에서 불이 나기 시작했고 정신을 차린 오빠는 기절한 채 불길에 휩싸여 있는 동생을 꺼낸 후 자기 옷을 벗어 불을 껐습니다. 그리고 몇 분 지나지 않아 차는 폭발했습니다.

이런 영화에서 늘 그렇듯 주인공이 정신을 차리고 깨어나 보니 병원입니다. 앞은 보이지 않고 소리만 들립니다. 그녀의 손발은 묶여 있고 산소호흡기로 숨을 쉬는 모양입니다. 그녀는 전신의 55퍼센트에 3도 중화상을 입었습니다. 의사들도 그녀는 살지 못할 거라고 합니다. 설사 살게 되더라도 사람 꼴은 되지 않을 것이라고 말합니다. 그러나 그녀와 가족들은 오직 하나님만 붙들고 또 주위 사람들의 기도와 사랑으로 하루하루를 이겨냅니다. 지옥 같았던 2개월간의 중환자실 생활과 다섯 차례에 걸친 피부 이식수술 후 7개월 만에 그녀는 집에 돌아옵니다.

하지만 집에 왔다는 감격도 잠시, 그녀는 피부가 당기는 새로운 고통에 시달리게 됩니다. 밤이면 피부를 이식한 부위가 가려워 잠을 이루지 못합니다. 피부가 당겨 고개는 자꾸 오른쪽으로 돌아가고 척추도 조금 휘었습니다. 감사하며 맞아야 할 아침을 그녀는 눈물로 시작합니다. 여기서 그만두고 싶은 생각이 간절합니다. 옆에 계신 엄마를 바라봅니다. 엄마 때문에라도 이겨내야 합니다. 그 생각에 이어 그녀는 중얼거립니다. "하나님 나 너무 오래 살게 하지는 마세요."

그녀의 두 엄지손가락을 제외한 여덟 손가락은 한 마디 정도씩 절단되었습니다. 오른손은 거의 쓰지 못합니다. 그녀는 이제 장애인이 되었습니다. '3급 장애' 진단을 받았습니다.

그녀는 얼굴을 심하게 다쳤습니다. 어디에도 예전 그녀의 얼굴은 없습니다. 그녀는 거울을 보지 않습니다. 하지만 그렇게 자신을 잊고 지내다가도 어두운 밤 유리창에, 밥 먹을 때 숟가락에, CD 케이스에 비치는 외계인 같은 모습에 그녀는 가끔씩 깜짝 놀라곤 합니다. 주인공은 아이들을 참 좋아합니다. 그런데 이젠 아이들에게 다가갈 수가 없습니다. 그녀의 얼굴을 본 아이들은 화들짝 놀라 도망갑니다. 그녀는 조금 서글퍼집니다.

어느 토요일 저녁, 그녀는 안경을 낀 채 텔레비전을 보고 있습니다. 안경 없이 보았던 것보다 훨씬 재미있습니다. 그렇게 웃다가 그녀의 눈에서 눈물이 흐르기 시작합니다. 더 이상 평범한 스물세 살짜리 여대생이 아닌 것을 깨닫기 때문입니다. 이제 그녀는 더 이상 평범하지도 않으며 이전과는 다른 꿈을 꾸어야 합니다. 영화 같은 사랑 이야기에 가슴 들뜨기에도 그녀는 이제 너무 많이 달라져 있습니다. 그날 밤 그녀는 엄마에게 교회에 가자고 합니다. 그녀는 예배당에 엎드려 울부짖기 시작합니다.

'하나님 나 어떡하실 거예요? 이제 어떡하실 거냐고요? 하나님 살아 계시잖아요. 전지전능하잖아요. 나 좀 도와주세요! 나 좀 도와주세요!'

주일 예배에서도 그녀는 찬양을 부르다가 속이 상합니다. 무대 위 성가대에는 설 생각도 못하고, 혹시라도 남이 볼까 봐 모자에 가면까지 쓰고, 흐르는 침 때문에 입에는 수건을 문 채 웅크리고 앉아 있는 현실이 혹시나 꿈은 아닐까… 내가 아주 긴 악몽을 꾸고 있는 건 아닐까 생각합니다.

그녀는 전에 '내 인생이 만약 한 편의 영화라면 그 영화는 코미디 영화였으면 좋겠어.'라고 생각한 적이 있습니다. 그런데 코미디도 이런 블랙코미디가 없습니다. 재난 영화나 최루성 신파극 주인공이 된 자신 때문에 답답합니다. 이 말도 안 되는 영화의 주인공이 된 것이 속상합니다. 이제는 찬양도 안 나옵니다. 그동안 함께하셨던 하나님이고 뭐고 그녀는 울기 시작합니다. '하나님. 내게 들려주세요. 이제 나 어쩔 건지 말씀 좀 해보시라고요!'

어느새 목사님 설교가 끝났습니다. 목사님이 단상에서 내려와 그녀의 옆자리에 앉습니다. 그리고 그녀를 두 팔로 감싸 안고 말씀하십니다. '지선아. 내 사랑하는 딸아. 내가 너를 세상 가운데 세우리라. 아프

고 병든 자들에게 희망의 메시지가 되게 하리라.'

목사님의 입을 통해 하나님이 말씀하신 것입니다. 주인공은 상했던 마음이 풀어집니다. 그녀는 종교 영화의 주인공입니다. 하나님이 시나리오를 쓰고 감독까지 하시는 영화입니다. 주인공의 실수로 조기 종영 위기를 맞을 뻔했던 이 영화는 아직 끝나지 않았습니다. 주인공이 언제까지 고난을 받을지 아직은 모릅니다. 그러나 곧 감독이신 하나님께서 희망의 메시지를 담은 영화로, 사람들의 사랑을 받는 영화로 멋진 해피엔딩을 이루실 것을 믿습니다.

저러고도 살 수 있을까?

"저러고도 정말 살 수 있을까?"

언젠가 제 홈페이지를 소개하고 있다는 인터넷 사이트에 가본 적이 있습니다. 그때 제 홈페이지를 소개하는 분이 이런 생각을 했다고 쓴 걸 봤습니다. "저러고도 정말 살 수 있을까?" 그리고 간혹 아주 솔직한 표현을 쓴 이메일에서, 때로는 너무나 순수한 아이들의 글에서 자기 같았으면 벌써 자살했을 것이라는 말을 보게 됩니다.

조금은 기분이 언짢아지는 말입니다. 어떤 마음으로 그러셨는지 알 것 같으면서도, 아마 표현이 서투르신 거겠지 생각하다가도, 좋지 않은 기분이 남는 게 사실입니다. 아마 많은 분들이 제 홈페이지에 들어와 제 글과 사진을 보면서 그런 비슷한 생각을 하시겠지요. 저역시 이전에는 그런 마음을 가졌던 사람이니까요.

사고가 나기 한 달 전쯤 텔레비전에서 화상 환자를 다룬 프로그램이 방송되었다고 합니다. 그날 밤 엄마와 함께 텔레비전을 보던 제가 울면서 그랬답니다. "저러고 어떻게 살아… 저건 사는 게 아니야…"

사고 후 제가 그 방송을 기억하고 있을까 봐 많이들 걱정하셨다는데, 하나님의 은혜로 저는 지금도 그 방송에 대해선 전혀 기억하지 못합니다. 기억했더라면 희망을 품기보다는 절망부터 했겠지요. 아무튼… 그때 그 방송을 보며 저도 여러분 같은 생각과 말을 했더랬지요. 그땐 그 상황이 제 상황이 아니었으니까요. 제 일이 아니었으니까요.

그 방송에 나왔던 친구는… 인천 호프집 화재로 화상을 심하게 입었는데 저에게도 한 달 후 비슷한 사고가 일어났고, 그 친구가 입원해 있는 병원에서 치료를 받았습니다. 엄마가 늘 하시던 말씀이 "너는 ○○이보다는 훨씬 괜찮아…"였는데, 때로는 그게 위로가 되기도

했는데… 이식수술을 다 끝내고 몇 개월 후 물리치료실에서 그 친구를 아주 가까이 만날 기회가 있었습니다. 너무 충격적이었습니다. 울음이 막 나오려는 걸 참았습니다.

저와는 비교도 안 되게 좋은 모습이었거든요. 눈도, 목도, 손도 저보다는 훨씬 좋았습니다. 역시나… 저는 화상 1등임을 확인했지요. 멀쩡한 모습으로 텔레비전에서 그 친구를 봤을 때 '죽는 게 낫지…'. 생각했던 제가 이제는 그녀보다 더 심각한 모습을 하고 있다는 걸 알게 되었습니다.

누구든 저를 보고 그런 생각 하시는 것 이해합니다. 어쩌면 당연한지도 모르지요. 그러나 제 삶은, 하나님이 허락하신 저의 새 생명은 이전보다 훨씬 더 값진 것이었습니다. 2개월간의 지옥 같았던 화상치료실에서의 치료, 회복실로 옮겨져 정신이 들기도 전에 이미 내가 지르는 비명 소리에 놀라 마취에서 깨어났던 수술… 너무나 비싼 값을 치른 '삶'이었습니다. 인생은 고해라는 글을 쓴 적이 있습니다. 나를 너무 오래 살게 하지는 말아달라고 기도한 적도 있습니다. 그러나 생명은… 삶은… 그렇게 쉽게 버릴 것도 포기할 것도 아니었습니다.

눈을 감지 못하고 자는 딸 옆에서 안타까움으로 가슴을 쓸어내려야 했던 엄마. 함께 숨쉬고 목소리 듣는 것만으로도 감사하는 엄마가 있었기에. 엉망이 되어버린 딸이지만, 밥도 혼자 못 먹고 화장실도 혼자 못 가는 딸이지만, 가장 가까운 곳에 두고 지켜보는 가운데 다시 아기 지선이를 키울 때의 마음을 경험할 수 있음에 오히려 감사드리는 아빠가 있었기에. 우리의 잘못은 하나도 없는 사고였지만, 옆에 있었는데도 완전히 지켜주지 못했다는 죄책감 하나로 너무 힘들어하던 오까. 그런 나의 오까는 병원에 누워서도 여전히 평안한 나를 보며 마음의 평온을 되찾았기에. 나보다 더 애달픈 마음으로 기도해주는 가족과 교회 식구들, 비록 이런 모습으로 변해버린 나이지만 그저 '이지선'으로 대해주는 친구들이 있었기에. 하나님이 주

신 새 삶은, 내 달라진 모습을 비관하면서 그렇게 쉽게 버릴 수 있는 게 아니었습니다.

짧아진 여덟 개의 손가락을 쓰면서 사람에게 손톱이 얼마나 중요한 것인지 알게 되었고, 1인 10역을 해내는 엄지손가락으로 생활하고 글을 쓰면서는 엄지손가락을 온전히 남겨주신 하나님께 감사했습니다. 눈썹이 없어 무엇이든 여과 없이 눈으로 들어가는 것을 경험하며 사람에게 이 작은 눈썹마저 얼마나 필요한 것인지를 알았고, 막대기 같아져버린 오른팔을 쓰면서 왜 하나님이 관절이 모두 구부러지도록 만드셨는지, 손이 귀까지 닿는 것이 얼마나 중요한 일인지 깨달았습니다. 온전치 못한 오른쪽 귓바퀴 덕분에 귓바퀴란 게 귀에 물이 들어가지 않도록 하나님이 정교하게 만들어주신 거라는 사실을 알게 되었고, 잠시지만 다리에서 피부를 많이 떼어내 절뚝절뚝 걸으면서는 다리가 불편한 이들에게 걷는다는 일 자체가 얼마나 힘든 것인지 느낄 수 있었습니다. 무엇보다도 건강한 피부가 얼마나 많은 기능을 하는지, 껍데기일 뿐, 별것 아니라고 생각했던 피부가 우리에게 얼마나 소중한 것인지 알게 되었습니다. 그나마 남겨주신 피부들이 건강하게 움직이는 것에 감사했으며, 하나님이 우리의 몸을 얼마나 정교하고 세심한 계획 아래 만드셨는지 온몸으로 체험했습니다. 그리고 감히 내 작은 고통 중에 예수님의 십자가 고통을 백만분의 일이나마 공감할 수 있었고, 너무나 비천한 사람으로, 때로는 죄인으로, 얼굴도 이름도 없는 초라한 사람으로 대접받는 그 기분 또한 알 수 있었습니다. 이제는 지난 고통마저 소중하게 느껴집니다. 그 고통이 아니었다면 지금처럼 남들의 아픔에 진심으로 공감할 가슴이 없었을 테니까요.

식물인간으로 6년을 아무 반응도 없이 누워 계신 어머니를 하나님의 은혜로 극진히 간호하는 한 귀한 분을 알고 있습니다. 언제까지인지 알 수 없지만 함께 있을 수 있음에, 무언가 해드릴 수 있음에 감사한다는 그분의 고백을 들었습니다.

그 누구도, 그 어떤 삶에도 '죽는 게 낫다.'라는 판단은 옳지 않습니다. 힘겹게 살아가는 우리 장애인들의 인생을 뿌리째 흔들어놓는 그런 생각은, 그런 말은, 옳지 않습니다. 분명히 틀렸다고 말하고 싶습니다.

추운 겨울날 아무런 희망도 없이 길 위에 고꾸라져 잠을 청하는 노숙자도, 평생 코와 입이 아닌 목에 인공적으로 뚫어놓은 구멍으로 숨을 쉬어야 하는 사람도, 아무도 보는 이 없는 곳에 자라나는 이름모를 들풀도, 하나님이 생명을 허락하신 이상 그의 생명은 충분히 귀하고 소중하며 존중받아야 할 삶입니다.

저러고도 살 수 있을까?

네…. 이러고도 삽니다.

몸은 이렇지만 누구보다 건강한 마음임을 자부하며, 이런 몸이라도 전혀 부끄러운 마음을 품지 않게 해주신 하나님을 찬양하며, 이런 몸이라도 사랑하고 써주시려는 하나님의 계획에 감사드리며… 저는 이렇게 삽니다.

누구보다 행복하게 살고 있습니다.

'저러고도 살 수 있을까?'에 대하여

 저는 지금도 동생이 '주바라기'에 글을 새로 올리면 덜컥 겁부터 납니다.

동생은 기분이 나쁘거나 슬프면 너무 티가 납니다. 그냥 가만히 있거든요. 아무 말도 없이 그냥 가만히 있답니다. 절대 화를 내거나 거친 말들을 쏟아내는 법이 없습니다. 다치고 난 후에는 더 그런 것 같습니다. 그렇게 가만히 얼마간의 시간이 지나고 마음이 정리되면 동생은 글을 씁니다. 동생이 그렇게 새로 올린 글을 읽고 나면 저는 너무나 마음이 아프고 슬퍼집니다. 눈물이 흐르기도 하고 내 동생이 또 우리 식구가 이런 상황이구나라는 걸 문득 다시 깨닫습니다. 하지만 돌아서서 동생을 바라보면 어느새 그 모든 것을 털어버리고 '사랑의 총알'을 쏘고 있습니다.

출근하자마자 동생의 글을 읽었습니다. 또 눈물이 나네요. 텔레비전이나 책에서 흔히 볼 수 있는 안타까운 사람들의 이야기. 다름 아닌 제 동생의 이야기라는 걸 또 알게 됩니다.

"저러고도 살 수 있을까?" "나 같으면 자살하겠다." 감히 어떻게 그런 말을 할 수 있는지 묻고 싶습니다. 어떤 기준으로, 누구의 기준으로 자신의 삶이 '저러고도' 사는 사람의 삶보다 낫다고 생각하는지 묻고 싶습니다.

동생이 다치고 나서 얼마나 다친 건지, 얼마나 심한 건지 알게 되는 데 거의 반년이 걸렸습니다. 일주일이 멀다 하고 의사들에게서 더 심한 소리를 들어야 했습니다. 대부분의 의사들은 몸을 치료해주면서 마음을 병들게 하더군요. 그때마다 기절할 듯 괴로워하는 어머니를 봐야 했습니다. 그리고 태어나서 처음으로 아버지의 눈물도 봤습니다. 어쩌면 처음부터 모든 걸 다 알았다면 여기까지 오기가 얼마나 더 힘들었을까 싶습니다.

그 모든 상황이 죽기보다 싫을 때 금식을 했습니다. 동생이 병원에 있는 동안 3일 금식을 다섯 번 정도 했지요. 금식기도를 드리느라 한 일이었지만, 3일째가 되면 겨우 떡 한 조각 먹고 싶다는 생각이 들면서, 정말 못 견딜 것 같던 상황도 잠시 잊어버립니다. 그러고는 빨리 금식을 끝내고 뭐든 먹고 싶다는 생각이 먼저 듭니다. 금식을 끝내고 나면 떡 한 조각에도 얼마나 행복했는지 모릅니다.

동생은 살아 있어서 행복하다고 말합니다. 그 마음의 고백이 우리 가족에게는 얼마나 큰 힘인지 모릅니다. 하지만 동생에게도 우울하고 힘든 날이 있습니다. 그 어떤 위로도 눈앞의 현실을 이길 수 없는 것처럼 보일 때 저는 동생에게 말합니다. 네가 살고 싶지 않다고 하면 나는 더더욱 살 수가 없다고….

행복은 마음속에 있습니다. 동생의 고백처럼, 아팠던 기억은 기억하지 못하면 없던 일이나 마찬가지입니다. 마음속에 행복이 남아 있다면 그것으로 충분합니다.

동생이 다치기 전 특별히 부유하거나 특별히 잘난 것도 없는 우리 네 식구였지만 우리는 참 행복했습니다. 물론 여느 가족들처럼 싸울 때도 있었지요. 하지만 마음속에는 늘 행복하다는 생각이 있었습니다.

동생은 정말 너무 많이 다쳤습니다. '주바라기'를 방문하셨다가 '정말 많이 다쳤구나', '저러고 어떻게 사나' 생각하는 분들 많으리란 것도 압니다. 하지만 누구나 그렇게 될 수 있습니다. 정해진 대로만 사는 인생은 없을 테니까요. 하지만 행복은 동생처럼 사고를 당한 경우와 그런 사람을 바라보며 '쯧쯧쯧…' 혀를 차는 사람, 양쪽 모두에게 있을 수도 있고 없을 수도 있습니다.

지금도 우리 네 식구는 행복합니다. 동생이 많이 아프지만, 여전히 '저러고' 살면서도 행복은 있답니다. 그리고 그 행복의 중심에는 하나님이 사랑하시는 동생이 있습니다.

물론 지금도 가끔 눈물이 흐르지만 동생을 살려주신 하나님께 여전히 감사드립니다. 그리고 여전히 행복합니다.

2002. 11. 8.

첫 번 째   이 야 기   죽음에서 삶으로

사고 후 1년이 지났을 무렵 오빠와 함께 텔레
비전에서 뮤직비디오 한 편을 보았습니다. 애인이 타고
있던 차에 불이 나자 밖에 있던 여자가 어찌할 바를 몰라

울부짖는 장면이 나왔습니다. 그걸 보던 오빠가 농담 반 진담 반으로 제게 말했습니다.
"저렇게 밖에서 보고만 있어야 되는 건데 괜히 꺼내가지고 이 고생을 시킨다. 그렇지? 발은 왜
내밀고 있어가지고… 으이구." 저는 "요즘에 살맛 나는데 그게 무슨 소리야?
백번 잘 꺼냈지!"라고 대답했지요.

대학 졸업앨범 사진을 촬영하던 날 친구가 찍어준 사진입니다. 이 모습 이대로는 아니었지만, 친구들과 함께 졸업하지는 못했지만, 정말 포기하고 말았을 뻔한 졸업장을 주신 나의 하나님을 찬양합니다.

왼쪽 열한번째 수술을 앞두고. 일본 신주쿠 중앙공원에서 노숙자들을 위한 식사 봉사를 하던 중 엄마와 함께 찰칵. 오른쪽 위 1998년 가을 찬양 예배를 드릴 때의 모습. 성악 전공한 언니들이 하는 솔로를 지선이가? 마이크 꺼놓은 줄도 모르고 열심히 폼 잡았던 지선. 빽질이 지선이를 성가대에 열심히 나오게 만드시려는 지휘자님의 지혜가 아니었을까? 오른쪽 중간 베스트 프렌드 창옥이와 함께 예쁜 척~. 1998년 대학교 2학년 때. 오른쪽 아래 2002년 11월 15일. 일본 《복지신문》과의 인터뷰 자리에서.

The Day, 2000년 7월 30일

"어젯밤 11시 반쯤 서울 한강로 1가
에서 만취 상태의 운전자가 몰던 갤로퍼가 마티즈 승용차 등 여섯
대와 추돌했습니다. 이 사고로 마티즈 승용차에 불이 나서 차에 타
고 있던 경기도 안양시 갈산동 스물세 살 이모씨가 온몸에 3도의 중
화상을 입고 인근 병원으로 긴급 후송됐습니다. 경찰 조사 결과 갤
로퍼 승용차 운전자는 혈중 알코올 농도 0.35퍼센트의 만취 상태였
습니다."

아무렇지 않게 남의 이야기로만 들어오던 뉴스 속 '이모씨'가 되었습니다. 그 뉴스 속 이모씨의 실제 상황은 뉴스처럼 그렇게 짧지도 간단하지도 않았습니다. 돌이킬 수 없는 3도의 중화상이 온몸에 남았고 죽음과의 싸움은 그 '긴급 후송'으로부터 2년이 지난 지금도 계속되고 있습니다. 올해로 스물여섯 살이 된 '이모씨'는 1978년 5월 24일과 2000년 7월 30일, 생일이 두 번이나 있는 저 이지선입니다.

그 엄청나고 무서운 불 속에서 저를 건지신 하나님께 감사하며, 또 자기 팔을 태우면서까지 동생을 구해낸 오빠의 용감함과 사랑에 감사하며… 이제 덤으로 살게 된 제 이야기를 시작해볼까 합니다.

2000년 7월 30일, 주일 예배를 마치고 오빠와 저는 학교 도서관으로 향했습니다. 참 이상한 날이었습니다. 공부를 하려고 자리에 앉았지만 오빠도 저도 무언지 알 수 없는 기분에 휩싸여 집중이 잘 되지 않았습니다. 그냥 집에 갈까 말까, 저녁을 먹을까 말까, 만나서 같이 먹을까 말까… 별것도 아닌 일에 우리는 결정을 내리지 못하고 시간만 흘려보냈습니다.

밤 10시 10분, 학교 후문에서 오빠를 만났습니다. 늦게까지 학교에 남아 있는 날이면 늘 거기서 그 시간에 오빠를 만나 함께 차를 타고 집으로 돌아오곤 했습니다. 그날도 여느 때와 다름없이 오빠를 만나

차에 올랐고 집으로 향했습니다. 그러나 저는 그 후로 아주 오랫동안 집에 돌아오지 못하게 됩니다.

오빠, 나 이러고 어떻게 살아?

　　　　　　　　　　사고가 나기 직전에 저는 내일
초등학교 동창도 만나야 하고, 친구도 만나야 하고, 학원도 가야 하
고, 아르바이트도 해야 하는데 어떻게 약속을 정해야 할지 모르겠다
고 얘기하고 있었습니다. 그러던 중 용산쯤 와서 신호등이 바뀌어
차가 멈췄습니다. 오빠가 제 쪽을 보며 "그래서 누구를 만난다고?"
라며 물었고 뒤에서 '끼익' 하는 소리가 크게 들렸습니다.

오빠가 "어디서 사고 나는가 보네." 하며 뒤를 돌아보는 순간, 이미 그 사고는 우리에게 일어나고 있었습니다. 사고 직후의 일을 저는 기억하지 못합니다. 다만 나중에 오빠에게 들은 이야기로 알 뿐입니다.

이미 작은 사고를 낸 후 도망치려던 음주 운전자의 갤로퍼는 파란불을 기다리며 서 있던 우리 차를 향해 돌진해와 들이받았답니다. 우리 차는 그 충격으로 앞차에 추돌하고 또 중앙선 건너편에서 오던 차와 다시 충돌했습니다. 그러면서 우리 차는 두 바퀴를 돌며 그 갤로퍼에 가서 처박혔습니다.

오빠가 정신을 차린 것은 차가 빙글빙글 돌고 있을 때였습니다. 머리 뒤쪽이 후끈하여 일어나 옆을 보니 조수석에 앉아 있던 제가 보이지 않았습니다. 오빠는 그 자리에서 바로 안전벨트를 풀고 열려 있던 창문으로 어떻게 나왔는지도 모르게 순식간에 빠져나와 조수석 쪽으로 가보았습니다. (오빠는 늘 창문을 열고 다녔습니다. 얼마나 감사한지요.) 혹시나 동생이 그 옆으로 떨어지지는 않았는지 하는 마음에 말입니다. 그러나 지선이는 거기 없었습니다.

그때 차 뒤쪽을 보니 흰 양말을 신은 제 다리가 보였다고 합니다. 갤로퍼와 우리 차 사이에 다리가 걸쳐져 있었고 이미 상체는 불길에 휩싸였습니다. 충돌과 함께 연료통이 터졌고 차가 몇 바퀴 돌면서 불이 일어난 것입니다. 저는 그만 불 위로 떨어졌는데 충돌로 인한 충격에 이미 정신을 잃은 상태였습니다. 오빠가 저를 꺼내려고 제 두 다리를 잡고 끌어당겨보았다고 합니다. 움직이지 않았습니다. 그래서 상체를 위로 띄우듯 당겨 저를 꺼냈습니다.

오빠는 급한 마음에 불을 끄려고 저를 안았습니다. 이때 오빠 팔에도 불이 붙었고 순식간에 피부가 타서 벗겨졌습니다. 그래서 오빠는 입고 있던 티셔츠를 벗어 불을 끄기 시작했습니다. 불을 다 껐을 때쯤 한 택시 기사 아저씨가 수건을 들고 와 도와주었을 뿐, 사고를 구경하는 사람들은 많이 있었지만 어느 누구도 우리를 도와주지 못했습니다.

그때 "빨리 비켜요! 차 터져요!" 누군가 소리를 질렀습니다. 오빠가 바삐 저를 안아 몇 발자국 옮겼을 때 우리 차는 폭발했습니다. 이 모든 일이 일어나는 데에는 불과 일이 분도 걸리지 않았습니다. 정말 모든 일이, 이 엄청난 일이 '한순간'에 일어나고 말았습니다.

그리고 잠시 정신이 든 저는 오빠에게 "오빠, 지금이 몇년도야? 2000년이야?"라고 물었다고 합니다. 아마도 꿈이라고 생각했었나 봅니다. 정신을 잃었던 저는 꿈이라고 믿고 싶었는지도 모르겠습니다. 그러고는 아직도 오빠 가슴에 지워지지 않고 남아 있는 말을 합니다. "오빠, 나 이러고 어떻게 살아. 나 죽여줘."

착한 우리 오빠는 제가 아파서 고통받을 때마다 아마 이 말을 되뇌었을 겁니다. 자기가 괜한 짓을 했던 것은 아닌가… 생각할 때도 있었을 테고 그래서 제게 미안한 마음이 든 적도 있었을 것입니다. 오빠의 슬픈 눈에서, 어쩔 땐 눈물을 참기 위해 웃는 그 슬픈 웃음에서 그 마음을 읽을 수 있습니다.

사고 후 1년이 지났을 무렵 오빠와 함께 텔레비전에서 뮤직비디오 한 편을 보았습니다. 애인이 타고 있던 차에 불이 나자 밖에 있던 여자가 어찌할 바를 몰라 울부짖는 장면이 나왔습니다. 그걸 보던 오빠가 농담 반 진담 반으로 제게 말했습니다.
"저렇게 밖에서 보고만 있어야 되는 건데 괜히 꺼내가지고 이 고생을 시킨다. 그렇지? 발은 왜 내밀고 있어가지고… 으이구."
저는 "요즘에 살맛 나는데 그게 무슨 소리야? 백번 잘 꺼냈지!"라고 대답했지요.

오빠가 참 좋아했습니다. 처음에는 지선이를 구해낸 것이 실수처럼 보였을지도 모릅니다. 그러나 그 모든 일이 실수가 아니었음을 우리 하나님은 계속 보여주고 계십니다. 이미 제 안에 시작하신 일을 끝까지 나타내실 것을 믿습니다.

지금은 2003년입니다. 저는 날마다 날마다 꿈처럼 행복합니다.

지선아, 잘 가

　　앰블런스가 도착하고 저와 오빠는 가까이 용산에 있는 중앙대부속병원 응급실로 가게 되었습니다. 오빠와 제가 용산 전쟁 기념관 옆에서 신호를 기다리며 서 있던 순간에서 불과 5분도 지나지 않았지만, 그 5분이라는 짧은 시간 동안 너무나 많은 것이 변했습니다. 더 이상 평화로운 주일 밤에 집으로 향하던 남매가 아니었습니다. 검게 탄 동생, 맨발에 반바지만 입은 채 검게 그을려 있는 오빠. 우리는 그렇게 변해 있었습니다.

응급실로 들어갔습니다. 저에게 의사들이 달려들었지만 별 방도가 없었습니다. 기절해 있던 저는 갑자기 일어나 뜨겁다고, 좀 치료해 달라고 소리를 지르더니 다시 정신을 잃었다고 합니다. 의사들이 오빠의 팔을 치료하려고 하자 오빠는 자기는 괜찮다며 동생을 봐달라고 했습니다. 하지만 의사들은 동생은 지금 화상이 문제가 아니라며 맥박조차 잡히지 않는다고, 이 병원에서는 더 이상 해줄 게 없으니 화상 전문 병원으로 옮기게 될 것이라고 말했습니다. 그리고 마음의 준비를 하라고 했습니다. 저에게 산소호흡기가 끼워졌고 다시 앰뷸런스에 오른 우리 남매는 한강성심병원으로 향했습니다.

이러고 어떻게 사냐고 죽여달라던 저를 보고 "얼굴은 괜찮아, 얼굴은 괜찮아."라며 위로하던 오빠였습니다. 그런 오빠의 눈에도 시간이 조금씩 흐르면서 제 얼굴과 온몸은 형체를 알아볼 수 없이 까만 숯덩이로 변해가고 있었습니다. 앰뷸런스 안에서 오빠는 끝없이 주기도문만 외웠습니다. 나중에 들은 이야기지만 오빠는 한강을 건너는 다리 위에서 저를 안고 강물 속으로 뛰어들고 싶었다고 합니다. 오빠는 주기도문을 끊임없이 중얼거리다 저에게 마지막 작별 인사를 하기 시작했습니다.

"지선아 잘 가…. 지선아 넌 너무나 좋은 딸이고 동생이었어. 누구보다도 예쁘고 착하게 살았고… 그런 널 평생 잊지 않을게. 먼저 하늘나라에 가서 조금만 기다려. 지선아 잘 가."

오빠가 그렇게 인사를 건네는 순간 저는 그때까지 계속 너무나 괴롭게 내지르던 신음 소리를 그쳤다고 합니다.

한강성심병원 응급실에 도착했습니다. 하지만 그곳에서도 별로 달라진 건 없었습니다. 호흡조차 잡히지 않았고 뒤통수는 다 찢어져 너덜거렸으며 이미 피를 너무 많이 흘린 상태였습니다. 응급실 안에는 고기 탄 냄새가 진동했고, 얼굴은 새카맣게 타서 누군지도 알아볼 수 없는 제가 그 속에 누워 있었습니다.

의사가 오빠에게 치료실로 가라고 하면서 마지막이 될지도 모르니 동생에게 작별 인사를 하고 가라고 말했습니다. 오빠가 다시 인사를 하자 저는 부르르 떨던 다리를 멈췄습니다. 오빠의 마지막 인사를 받는 듯했다고 합니다.

잠시 후 경찰의 연락을 받은 아빠와 엄마가 병원에 도착했습니다. 아빠가 "지선아, 아빠야, 아빠가 왔어. 괜찮을 거야."라고 말했더니 의식이 없던 제가 고개를 끄덕였다고 합니다. 그 모습을 본 아빠는 지선이가 의식이 있다며 의사를 설득했습니다. 그래서 저의 머리를 깎고 찢어진 뒤통수를 꿰매는 등 응급치료를 하고 온몸을 붕대로 감았습니다. 그러고는 겨우 CT촬영을 할 수 있었고 다행히 뇌는 다치지 않았다는 걸 확인했습니다.

엄마는 어찌할 바를 몰랐습니다. 지선이를 보고 가만히 서 있을 수

도, 딸의 온몸이 타버린 냄새를 맡으며 있을 수도 없었습니다. 정말 앉을 수도 설 수도 없는 상황에서 엄마는 병원 바닥을 데굴데굴 굴렸습니다. 너무 기가 막혀 눈물도 나지 않았습니다. 엄마는 가깝게 지내는 권사님에게 전화를 걸어 "우리 지선이 교통사고 났어. 지선이 죽는대."라며 간신히 소식을 전했고, 곧 이모와 삼촌들, 목사님들, 전도사님, 그리고 권사님 집사님들이 병원으로 오셨습니다.

새벽 4시, 폐에 가스가 찼기 때문에 그것을 빼내는 호스를 옆구리에 박고 저는 중환자실로 옮겨졌습니다. 그러나 의사는 아직 살았다고 할 수 없으며 아주 위험한 상태이니 계속 지켜보자고 했습니다.

그렇게 지옥 같은 죽음과의 싸움은 시작되고 있었습니다.

처음이자 마지막

새벽 6시, 사고 소식을 듣고 목사님이 달려오셨습니다. 중환자실에 들어가 엉망이 된 채 누워 있는 지선이를 위해 기도하신 후 밖으로 나오셨습니다. 목사님은 한 20분을 말씀을 잊은 채 앉아 계셨습니다. 목사님도 이 기가 막힌 상황에서는 차마 엄마를 위로할 수도, 지선이가 괜찮을 거라고 말할 수도 없었던 것 같습니다. 그러나 목사님께서는 곧 하나님의 말씀을 전하셨습니다.

"이때를 위한 믿음이라, 이 사건을 위한 믿음이라."

'10년이 넘게 하나님을 믿어온 우리에게 어떻게 이런 일이 생길 수 있나?' 하고 원망할 것이 아니라, 그간의 신앙생활이, 그리고 지금의 믿음이 바로 이 어려운 때를 이겨나가기 위한 것이라는 말씀이었습니다. 물론 그 말씀을 들을 때는 상상하지도 못했던 어려움들이 그 뒤로 우리를 기다리고 있었지만, 우리 가족은 그럴 때마다 이 말씀을 붙들고 기도했습니다. 하나님 말씀은 우리에게 위로가 되었고 힘이 되었으며 우리를 선한 길로 인도하셨습니다.

그렇게 목사님이 다녀가신 뒤로 며칠 동안은 전혀 기억이 없습니다. 그런데 단 한 가지, 지금도 뚜렷이 기억나는 일이 있습니다. 바로 정신이 돌아오는 무렵의 일입니다.

어디선가 '웅' 하는 소리가 들리는 듯하고 빙글빙글 도는 것 같기도 하더니, 보이진 않지만 누군지 모를 사람들 여러 명이 저를 둘러싼 채 지켜보는 것 같았습니다. 우습지만, 외계인에게 잡혀서 우주선을 타고 실험을 당하는 것처럼 느껴졌습니다. '이게 뭐지? 꿈인가? 내가 지금 자고 있나? 이게 뭐지?' 그러다가 '누가 구급차 좀 불러주세요! 지선아 괜찮아. 괜찮을 거야!' 너무나 다급하게 울부짖는 오빠의 목소리가 귓전을 맴돌았습니다. 시끄럽고 정신없는 사고 현장의 소리가… 제 머릿속에 계속 떠올랐습니다. 뭔지는 확실히 모르겠지만 꿈은 아닌 일이, 제게 뭔가 아주 큰 일이 일어난 것을 느낄 수 있었습니다.

'사고구나… 사고가 났구나… 내가 다친 건가 봐.' 그때 그 기분을 지금도 잊을 수가 없습니다. 너무나 당황스럽고 무서운 그 기분… '무섭다'는 말 한마디로는 표현이 안 되는 느낌…. 그야말로 공포였습니다. 저는 결코 되돌아갈 수 없는 길을 지나왔다는 것을 직감했습니다.

그리고… 부끄럽게도… 처음이자 마지막으로 죽으려고 했습니다. 얼마나 다쳤는지도 모를 때였는데, 정신이 왔다갔다할 때였는데 어떻게 그런 못된 생각까지 했는지 모르겠습니다. 산소호흡기로 목을 눌러 산소가 들어오지 못하게 해보았지만 맘대로 되지 않았습니다. 몸에 무언가 줄이 달려 있기에 그걸 뽑으면 죽을까 싶어서 발가락으로 당겨 빼보았습니다. 그런데 나중에 알고 보니 겨우 소변을 받아내는 줄이었습니다. 사람이 얼마나 우스운 존재인지요.

제 힘으로는 불가능하다는 생각이 들자 저는 찬양을 부르기 시작했습니다.

하나님께로 더 가까이 갑니다.
고통 가운데 계신 주님
변함없는 주님의 크신 사랑
영원히 주님만을 섬기리.

뒤의 가사는 생각지도 않았습니다. 하나님께로 더 가까이 간다고…
그러니 천국으로, 하나님께로 데려가달라고 기도했습니다. 부르고
또 부르고 정신이 있는 동안은 계속 불렀습니다. 너무 무서워서, 도
저히 견딜 수가 없어서 하나님께 가고 싶다고, 제발 저를 데려가달
라고 기도했습니다.

그런데 하나님은 그 기도를 들어주지 않으셨습니다. 그 대신에 하나
님은 저의 가족들, 그리고 저를 사랑해주시는 많은 분들이 눈물을
뿌리며 드린 간절한 기도를 들어주기로 하신 모양입니다. 그래서 아
무 뜻도 모른 채 불렀던 그 노래의 가사처럼 '고통 가운데' 주님을
만나 이렇게 살아서 변함없는 주님의 크신 사랑을 느끼며 제가 받은
사랑을 전하고 영원히 당신만을 섬기라고…. 하나님은 아마도 제게
그런 계획이 있으셨나 봅니다.

저는 그렇게 고통 가운데 하나님을 만났고 그 하나님 덕분에 여기까
지 올 수 있었습니다.

죽음에서 삶으로

사고 후 며칠간 저는 계속해서 의식이 있다가 없어지는 상태가 반복되었습니다. 타버린 몸이 부어오르기 시작하더니, 붕대로 싼 얼굴에 구멍이라곤 눈, 코, 입밖에 없는데 그곳까지 부어올라 저는 정말 다른 사람이 쳐다보기 어려울 정도로 흉한 얼굴이 되었다고 합니다. 그리고 사고 당시 유독가스를 흡입하면서 한쪽 폐의 기능이 손상되는 바람에 인공호흡기를 통해 겨우 숨을 쉬고 있었습니다.

그러던 어느 날 면회 시간에 엄마의 목소리가 들렸습니다. 그때는 온몸이 부어올라 볼 수도, 말을 할 수도 없는 상태였습니다. 게다가 움직이지 못하게 손발을 묶어놓았기 때문에 엄마가 발을 묶은 끈을 풀어주어서야 발로 글씨를 쓰며 엄마에게 말을 건넸습니다.

"여기 어디?"
"병원이야. 중환자실이야. 지선이가 다쳤어…."
"언제 만나?"

엄마와의 첫 대화는 그랬습니다. 중환자실에서는 면회가 제한된다는 사실을 알고 있었기 때문에 그런 질문을 한 것 같습니다. 엄마는 하루에 세 번, 30분씩 만날 수 있었습니다. 면회를 기다리는 시간이 너무 길고, 정작 엄마를 만날 수 있는 시간은 너무 짧았습니다. 중환자실에 있는 동안 '외로움'은 화상 치료만큼이나 견디기 힘든 일이었습니다.

그리고 저에겐 생명만큼이나 중요한 문제가 한 가지 더 있었습니다. 저는 사고 당시 콘택트렌즈를 끼고 있었습니다. 얼굴이 새까맣게 타버렸는데 눈 안의 렌즈라고 무사할까… 렌즈가 눈 안에서 녹아버린 건 아닐까… 정말 그렇다면 이제 살아도 앞을 볼 수 없게 되는 건 아닐까…. 온 가족이 걱정했습니다.

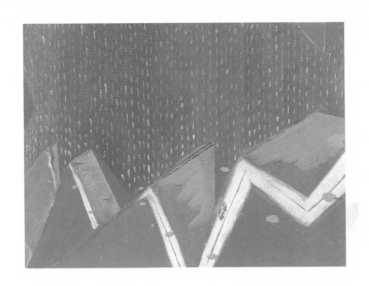

온몸이 퉁퉁 부어 있었기 때문에 렌즈가 녹았는지조차 확인하지 못한 채 며칠이 흘렀습니다. 그리고 사고 난 지 나흘째 되던 날, 붓기가 조금 가라앉자 하나도 녹지 않고 그대로 남아 있는 렌즈를 꺼낼 수 있었습니다. 하나님께서 생명만큼이나 중요한 저의 눈을 지켜주셨음에 감사했습니다.

심한 화상의 경우 대개 일주일이 생사의 갈림길이라고 합니다. 나중에 알게 된 사실이지만 당시 병원에서는 저를 살 가망이 없는 환자로 분류해 간호 스테이션에서 가장 가까운 침대에 두었다고 합니다. 제가 2층 중환자실에 있던 40여 일 동안 그 침대에 있던 환자 가운데 살아서 나온 사람은 저 하나였습니다.

그리고 생사의 고비라는 그 일주일 동안 폐에 차 있던 가스를 제거하는 관도 빼냈습니다. 그리고 어느 날 의사 선생님이 제 가슴을 두드리며 물었습니다. "이제 숨 쉴 수 있지? 혼자서 숨 쉴 수 있지?" 제가 고개를 끄떡이자 의사 선생님은 목 깊숙이 박혀 있던 산소튜브를 뽑아냈습니다. 그때의 시원함이란 이루 말할 수 없었습니다.

그러고 나서 엄마와 말도 할 수 있게 되었습니다. 물도 마실 수 있었는데 일주일 만에 처음으로 마신 물맛을 저는 지금도 잊을 수가 없습니다. 온몸을 적시는 시원한 생명수 같은 그 물이 어찌나 감사하던지…. 그 행복함을 잊을 수 없습니다. 저는 다 나은 것 같았습니다.

하지만 모르는 게 하나 있었습니다. 그때는 그것이 살기 위한, 살아남기 위한 싸움의 작은 시작에 불과하다는 것을 미처 몰랐습니다.

차라리 미쳐버렸으면

저는 계속 헛것을 보았습니다. 누워 있는 그 곳이 병원으로 제대로 보이기까지도 아주 오랜 시간이 걸렸습니다. 수술을 하면 안 아프게 될 줄 알고, 또 수술을 하면 이제 중환자실을 나가게 될 줄 알고, 그렇게 기다리던 첫번째 수술을 받았습니다. 그 수술은 타버린 피부와 죽은 조직을 긁어내는 수술이었습니다. 수술 후 애타는 마음으로 뭔가 더 좋은 이야기를 듣고 싶었던 부모님은 수술실 앞에서 너무나 냉정한 현실에 대해 듣게 됩니다. 의사가 "설사 살게 되더라도 사람 꼴은 안 될 것이고 손가락도 다 잘라야 한다."고 말하자 엄마는 그 자리에서 쓰러졌고 그런 엄마에게 의사는 "뭘 그거 가지고 놀라요. 얼굴은 더 엉망인데."라고 한 마디를 더 했습니다. 저는 고통스런 비명을 지르며 피비린내가 진동하는 몸으로 수술실을 나와 다시 중환자실로 옮겨졌습니다.

최악의 상황이었습니다. 죽은 조직을 걷어내니 치료는 더욱 고통스러웠습니다. 매일 아침 똑같은 과정이 반복되었습니다. 감겨 있는 붕대가 잘 떼어지도록 물로 적시고 가위로 서걱서걱 잘라낸 후 모든 상처 부위를 소독 물로 씻어냅니다. 약이 잘 발라지도록 물기를 또 닦아냅니다. 정말 고통스러운 시간입니다. 그 위에 다시 약을 바르고 새 붕대를 감는 것으로 치료는 끝이 납니다.

말로는 이렇게 몇 마디의 설명으로 끝나지만, 피부의 55퍼센트가 없었던 그 당시 제가 느꼈던 고통은 그 뒤로도 오랫동안 눈물 없이는 떠올릴 수 없는, 생각만으로도 모든 세포가 벌벌 떨리는, 그런 기억입니다. 그곳은 정말 생지옥이었습니다. 어이없게 다친 사람들이 어른 아이 할 것 없이 비명을 지릅니다. 실제로 마약으로 분류되는 강한 진통제를 맞고도 그냥 차라리 거기서 딱 미쳐버렸으면, 차라리 정신을 잃어버렸으면 하는 생각이 드는 곳이었습니다. 저는 매일 아침 '도살장에 끌려가는 소나 돼지의 마음이 이럴 거야.'라고 생각했습니다.

치료를 마치고 다시 침대 위로 옮겨져 다시 진통제를 맞기 전까지, 턱이 덜덜 떨릴 정도로 고통이 몰려올 때… 그럴 때마다, 철저히 혼자가 되는 그 시간마다 저를 지켜준 것은 찬양이었습니다. 저는 매일 아침 죽어야 했지만 그 죽음과 같은 시간을 기다리며 극심한 공포 가운데 끊임없이 찬양을 들었습니다. 저는 분명히 느낄 수 있었

습니다. 뭐라 설명하기 어렵지만 저의 모든 두려움을 맑게 걷어내고
제 마음에 담대함을 불어넣으며 저를 강하게 붙드는 생명의 힘을 찬
양 속에서 분명 느낄 수 있었습니다.

모두가 비명을 지르고 울부짖는 그곳에서 저는 단 한번도 소리를 질
러본 적이 없습니다. 치료를 해주던 치료사들이 "지선이가 베스트."
라며 칭찬을 할 정도로 저는 이를 악물고 참았습니다. 피부도 없는
몸으로 발가벗겨진 채 그곳에 누워 소리마저 지른다면, 그런 저 자신
의 모습을 정말 저조차도 감당할 수 없을 것 같았기 때문입니다.

아팠던 이야기를 하자면 책 한 권으로도 모자랄 것입니다. 그러나
제 모든 고통은 하나님만 기억하시기를 원합니다. 그동안 뿌린 눈물
과 피와 고통의 기억들은 하나님만 기억하시면 그것으로 족합니다.
다만 제가 경험했던 그곳은 '끝이 있는 지옥'이었음을 기억하고 싶
습니다. 끝이 있는 지옥은 차라리 축복이기 때문입니다.

이제 예전의 모습으로 돌아갈 수 없다는 사실 같은 건 제게 아무런
상관이 없습니다. 예전의 제 모습을 사랑하신 하나님께서 지금의 저
역시 사랑하고 계시다는 걸 너무 잘 알기 때문입니다.

살아야겠다

시간이 얼마간 지나고 치료실에서 뒤통수를 꿰매었던 부분의 실을 뽑아내느라고 저를 일으켜 앉혔는데 그때 제 눈으로 제 다리의 상처를 보게 됐습니다. 붉은 생살과 피, 그리고 생닭에서나 봤던 노란 지방 덩어리에 하얀 뼈까지…. 너무 충격적이었습니다. 아무 생각이 나지 않았습니다. 그저 '나는 살지 못하겠구나.'라는 생각뿐이었습니다.

다음날 밥을 먹여주시는 엄마에게 그 이야기를 했습니다. 엄마도 마음의 준비를 하셔야 할 것 같았습니다. 더 이상 무언가를 먹는다는 게 의미가 없는 것처럼 느껴졌습니다.

그런데 엄마는 그럴수록 더 먹어야 한다고, 다음부터는 절대로 상처를 보지 않기로 약속하자고 하셨습니다. 그러고는 저에게 밥을 한 숟갈 한 숟갈 떠먹일 때마다 기도를 하셨습니다.

"에스겔 골짜기의 마른 뼈에 살을 입히시고 가죽을 덮으시고 생기의 영을 불어넣으시는 하나님, 이 밥이 지선이의 살이 되게 하시고 피부가 되게 해주세요."

저는 열심히 먹었습니다. 제가 거기서 엄마에게 해줄 수 있는 건 그 것뿐이었습니다. 엄마는 면회 시간이 끝난 뒤에도 계속 먹어야 한다고, 많이 먹어야 빨리 살이 차올라서 이곳을 나갈 수 있다고 하셨습니다. 바쁜 간호사들의 온갖 눈치를 받으면서도 저는 죽을 힘을 다해 먹었습니다.

밤마다 양 옆 침대에 누운 환자들이 혼수상태에 빠지고, 긴급 상황이 벌어지고, 하나둘씩 죽어나가는 상황에서도, 커튼 뒤로 삶과 죽음이 교차되는 그 순간에도 저는 계속 먹었습니다. 내가 지금 어떤 상태인지, 어떤 모습인지 궁금해하거나 묻지도 않았습니다. 두려움과 공포에 마음 빼앗기지 않으려고 했습니다. 마음이 약해질 수 없었습니다. 저는 살아서 나가야 했습니다. 그렇게 그만둘 수는 없었습니다. 저를 만나지도 못하는 상황이었지만 중환자실 문 앞에 와서 기도해주고 가시는 많은 분들의 눈물과 안타까운 마음에 보답하는 길은 그것뿐이었습니다.

지금도 너무나 감사한 것은 제 앞에서 정말로 씩씩했던 엄마의 모습입니다. 나중에 들은 이야기지만 그 당시 중환자실 밖에 계실 때의 엄마는 거의 정신 나간 사람 같았다고 합니다. 그러나 면회 시간 동안에는 제 앞에서 눈물 한번 흘린 적이 없고 언제나 씩씩하게 희망을 이야기해주셨습니다. 때때로 모르는 게 약이 될 때가 있지요. 그때 만약 이렇게 많이 다친 걸 알았다면 정말 더 힘겹고 지루하고 괴로웠을 텐데…. 저는 엄마 덕분에 감사하게도 이렇게 심하게 다친 줄도 모르고 괴로운 가운데서도 소망으로 버틸 수 있었습니다.

실제로 빠른 속도로 살이 차올랐습니다. 8월 28일, 29일 이틀에 걸쳐 양 팔과 오른쪽 배, 허벅지에 두번째 수술인 피부 이식수술을 받고 36일 만에 중환자실에서 준중환자실로 옮겨졌습니다. 36일 동안 그 중환자실에서는 열여덟 명의 환자들이 숨을 거뒀습니다. 생명은 누구에게나 소중하고 귀한 것인데 제가 이렇게 살아서 그곳을 나온 데에는 분명 하나님이 맡기신 사명이 있으리라 믿습니다. 중환자실은 정말 전쟁터였습니다. 제가 전우라고 부르는 그분들을 생각해서라도 저는 그 사명을 온전히 감당해내고 싶습니다.

머리부터 발끝까지 온몸을 미라처럼 붕대로 감은 저는 그곳에서 더이상 여자도 사람도 아니었습니다. 누구보다 보호받아야 할 환자임에도 불구하고 오히려 눈코 뜰 새 없이 바쁜 의료진을 이해해줘야하는 웃지 못할 상황도 벌어졌습니다. 감염 위험이 높다는 이유로가족과 만나는 면회 시간도 제한된 중환자실 안에는 날벌레들이 너무나 아무렇지 않게 날아다니고 있었습니다.

이미 그때부터 제 눈은 감기지 않았고 피부가 없는 얼굴에서 계속진물이 흘러나와 언제나 눈앞이 뿌옇게 잘 보이지 않았습니다. 그러던 어느 날 날아다니던 벌레 한 마리가 제 눈에 내려앉았습니다. 손가락 하나 까딱할 수 없던 저는, 눈을 깜박거릴 수조차 없던 저는 누군가 와서 벌레를 쫓아주기 전까지 정말 아무것도 할 수 없었습니다. 벌레 하나 쫓을 수 없는 존재라니…. 많이 비참했습니다. 7개월뒤 눈을 감을 수 있게 되기까지 저는 날아다니는 벌레만 나타나면벌레를 쫓아달라고 소리를 지르곤 했습니다.

9월 21일 세번째 이식수술을 위해 다치지 않은 다리에서 피부를 얇게 떼어낸 후 그 피부를 새로 붙일 부분을 긁어내고 고르게 하는 수술을 받았습니다. 저는 제가 지르는 비명 소리에 놀라 마취에서 깨어났습니다. 그러고는 "엄마! 아파! 아파!"라고 울부짖었습니다. 그

렇게 이를 악물고 참던 저도 별 수 없었습니다. 찬양 테이프를 틀어
달라고 했습니다. 어느새 울부짖던 제 비명은 찬양으로 바뀌고 저는
그렇게 울면서 따라 불렀습니다. 그리고 생각했습니다. 이렇게 그만
둘 수는 없다고, 살아야겠다고….

왼쪽도 하는 거야?

사고 후 두 달 만인 2000년 9월 28일, 저는 드디어 꿈에도 그리던 일반 병실로 옮겨졌습니다. 여전히 상처가 많이 남아 있었고 얼굴은 피부도 없는 상태로 나오긴 했지만, 오랜 시간 동안 그렇게 그리워했던 가족을 마음껏 볼 수 있다는 것만으로도 너무나 기쁘고 행복했습니다. 누울 곳도 제대로 없이 비좁은 일반 병실에서 네 식구가 3일 동안 함께 잤습니다. 너무 좋아서… 너무 감사해서 제가 식구들을 가지 못하게 했습니다.

그리고 곧 저는 얼굴의 피부 이식을 위해 성형외과로 옮겨졌습니다. 하지만 의약분업의 여파로 그해 가을까지 계속된 의료 분쟁 탓에 의사를 만나기란 하늘의 별 따기였습니다. 어쩌다 어렵게 의사를 만나도 그들은 자신의 피곤함을 저와 가족에게 퍼부어대기 일쑤였습니다. 의사들은 이미 오래전에 밑바닥까지 내려간 우리 가족을 땅속 깊은 곳까지 밀어넣는 말을 서슴지 않았습니다.

그러던 차에 결국 병원을 옮겼는데 그때까지도 의료 분쟁은 끝이 나지 않았습니다. 병원에 의사가 없다는 이유로 수술은 계속 미뤄졌고, 이식했던 상처들은 어느새 다시 녹아버려 더 큰 상처가 되어가고 있었습니다. 파업이 끝나고 의사들은 돌아왔지만 얼굴을 덮을 만한 피부가 넉넉하지 못하다며 수술은 또다시 기약 없이 연기됐습니다.

12월 7일, 병원을 옮긴 지 두 달 만에 수술을 하게 되었습니다. 양손 엄지를 제외한 손가락 모두 한 마디 정도씩 절단하기로 한다는 '절단 동의서'를 쓰고 말입니다. 그때 오빠가 들고 온 종이에 지장을 찍으면서도 저는 그게 절단 동의서인 줄 몰랐습니다. 수술실에 들어가면서 간호사가 "양손 절단 동의서 확인하셨죠?"라고 하는 말을 듣고 저는 깜짝 놀라 엄마에게 물었습니다. 그때까지 오른쪽 손가락만 절단하는 줄 알았기 때문입니다.

"왼쪽도 하는 거야?"

"응…."

그런데 잠시 후 제 입에서는 저에게조차 낯설게 들리는 말이 튀어나왔습니다.

"엄마, 더 많이 자르지 않아서 감사하지?"

제 마음은 처음부터 제 마음이 아닌 것 같았습니다. 그리고 그런 마음을 주신 하나님께 정말 감사드렸습니다. 그리고 기도했습니다. 손가락은 짧아지더라도 손을 쓸 수만 있게 해달라고…. 당시 팔에 이식한 피부가 자꾸 당겨와 저는 제 힘으로 손가락을 움직일 수 없었기 때문에 혼자서는 아무것도 할 수 없는 상태였습니다. 그래서 의수보다 못한 손이 되지 않게, 부끄러운 손이 되지 않게, 짧지만 제 힘으로 움직일 수 있는 손이 되게 해달라고 기도했습니다.

지금 저의 왼손은 새끼손가락을 제외하곤 거의 모두가 정상입니다. 왼손은 오른손보다 손가락도 조금 길게 남았고 많이 상하지 않아서 저는 이제 왼손잡이가 되었습니다. 왼손이 오른손 같지 않음에 감사했습니다. 그리고 오른손도 분명 왼손처럼 나아지리라 생각합니다.

저는 교회에서 이 부끄러운 손을 높이 들고 하나님을 찬양합니다. 이 손으로 저를 사랑하는 사람들과 악수도 하고 손을 흔들며 인사도 합니다. 그리고 비록 엄지로만 치고 있지만 이 손으로 이렇게 컴퓨터 자판을 두드려 글도 씁니다. 세상 사람들이 보기에는 불쌍한 손이지만 하나님은 제게 이 손이 부끄럽지 않다는 마음을 주십니다. 기도는… 이렇게 이루어지고 있습니다.

이지선, 우스워지다

　　　　　　병원 생활이 여섯 달째로 접어들던 어느 날
저녁 병원에서 산책을 나갔습니다. 엘리베이터 앞에 서 있는데 일곱
살쯤 되었을까, 휠체어를 탄 꼬마 둘이 저를 보고 웃기 시작했습니
다. 못 들은 척하고 서 있었지만 아이들의 웃음은 멈추지 않습니다.
한 아이가 저를 가리키며 말했습니다.

"에헤헤 얼굴도 없고 손도 없어. 헤헤헤헤 목도 없고, 헤헤헤 발만
있네."

옆의 아이도 같이 따라 웃었습니다. 얼굴에는 거즈를 덮고 손에는 목장갑을 낀 제가 우스웠나 봅니다. "마스크맨이다!" 하고 아이들에게 장난을 칠까 하다가 그만두었습니다. 그냥 아무 말도 못하고 서 있다가 엘리베이터를 탔습니다.

귀여운 아이들에게 다가가고 싶어도 아이들은 저를 보면 무서워서 도망갑니다. 그럴 때마다 조금 맘이 아팠는데 막상 그렇게 놀림감이 되고 나니 그 기분도 썩 좋지만은 않았습니다.

그러나 그보다 더 싫은 건 의사들이 저를 아이 취급하며 마치 제가 엄살을 부리는 것처럼 대하는 것이었습니다. 병원에 오래 있다 보니 의사 선생님들과 스스럼없이 친하게 지냈습니다. 편하게 대해주는 건 좋은데… 사실 어쩔 때는 조금 화가 났습니다. 여기 이렇게 아기처럼 아무것도 못하고 누워 있지만 저는 스물네 살이나 먹은 아가씨라고 말해주고 싶을 때가 있었습니다. 그리고 아픈 건 장난이 아닙니다. 환자의 아픔을 이해하지 못하는 의사는 그저 기술자에 지나지 않는데 의사 선생님들은 가끔씩 그걸 잊으시나 봅니다.

그리고 그보다도 더 기분 나쁜 건… 약물중독자 취급을 받는 것이었습니다. 저는 '누××'라는 진통제를 제외하고는 잘 듣지 않습니다. 그런데 의사 선생님은 제가 진통 효과보다 그 약이 주는 환각성 때문에 자꾸 진통제를 찾는다고 말했습니다. 아픈 것도 서러운데 약물

중독 소리까지 듣고 싶지는 않았습니다. 그래서 자의 반 타의 반으로 그 진통제는 맞지 않기로 했습니다.

그런데 진통제를 끊고 나자 상처들이 마지막 발악을 하는지 너무 아파서 하루에 한 번 그 진통제를 다시 맞기 시작했습니다. 좋은 약이 아닌 걸 저도 알고 있었습니다. 아프지 않으면 저도 그 약을 안 맞았을 텐데, 사람들은 자꾸 제가 중독될까 염려했습니다. 아파서 주사를 놓아달라고 할 때도 눈치를 봐야 했습니다. 주사를 놓는 의사도, 봐달라고 말하는 엄마도, 주사를 맞는 저도 마음이 편치 않았습니다. 방법은 한 가지입니다. 안 아프면 되는 거였지요. 하루라도 빨리 이 고통에서 벗어났으면 좋겠다고 생각했습니다.

오빠와 운동

　　사고 후 하루도 맘 편히 지내본 적이 없는 우리 오까….
(얼굴에 이식한 피부가 줄어들고 당기면서 입이 작아진 탓에 저는 '오
빠' 소리를 제대로 못하고 '오까'라고 불렀습니다. 어느새 그 이름은 저
의 둘도 없는 오빠의 둘도 없는 별명이 되었지요. 아무렇지 않게 '오빠'
발음을 할 수 있는 지금까지도 말입니다.) 사고가 난 건 결코 자기 잘
못이 아닌데, 오까의 잘못은 하나도 없었는데, 그 자리에 함께 있었
으면서도 동생을 지켜주지 못했다며 지금도 마음 아파하는 사람…
하루에도 몇 번씩 동생이 잘 있는지 전화를 해 확인해야 하는 사람.
아무 일 없이 너무나 평범하게 잘 다니는 동생 또래의 여학생들을
보고 그렇지 못한 동생 생각에 또다시 마음이 무너져 전화를 하는
것임을… 저는 알고 있습니다.

여기에 하나님이 제게 주신 특별한 보물, 우리 오까를 자랑합니다. 서로에게 하나뿐인 우리 남매의 특별한 사랑을 자랑합니다.

우리 오까는 지선이의 손과 팔을 운동시키는 일을 사명으로 생각하는 사람입니다. 팔과 손에 피부 이식한 부분이 10분만 오그리고 있어도 그대로 굳어버리기 때문이죠. 그래서 수시로 늘려주어야 손과 팔이 제 기능을 할 수 있습니다. 그런데 그게 말이 운동이지 정말 살이 찢어지는 듯한 고통입니다. 오까는 맘도 약한데 이를 악물고 운동을 시키고, 저는 너무 아파 발버둥 치며 "잠깐만, 잠깐만!" 하고 애원을 해도 끝까지 놔주지 않는 오까를 야속하다고 합니다.

그러던 어느 날… 제가 너무 아프고 하기도 싫어 자꾸 놔달라고 하니까 오까가 급기야는 화를 내고 말았습니다. 오까는 답답한 마음에 저를 혼내는 것입니다. 동생이 손을 못 쓰게 될까 봐 안타깝고 속상해서 그러는 걸 저는 알고 있습니다. 계속해서 저에게 현실을 보라고 합니다. 오까가 말하는 현실 속에는 절망만 가득합니다. 오까는 늘 그랬듯 저를 벼랑 끝까지 몰고 갑니다. 더 이상 설 자리가 없어진 저는 "내일부터 물리치료실 다닐게."라고 말했지만 오까는 말뿐인 약속만 한다며 결국 벼랑에서 저를 밀어버립니다. 하나님이 달아주신 날개인 '선천적 낙관주의'와 저의 특기인 '혼날 때 속으로 노래부르기'가 아니었으면 아마 저는 지금 이 글을 쓰고 있지 못했을 겁니다. 병원 옥상이라도 찾았겠지요.

그날 제가 울자 엄마도 울고… 저는 사고 나던 날 그 자리에서 죽었더라면… 하고 생각도 했습니다. 그랬으면 오빠도 엄마도 아빠도 이렇게 만날 병원에서 고생 안 해도 될 텐데… 친척들, 교회 식구들 날마다 자기 일도 제대로 못하고 멀리까지 와서 이 못난이 시중 들어주지 않아도 될 텐데… 그리고 나 이렇게 만날 아프지 않아도 될 텐데….

그래도 오빠한테 그렇게 혼나고 뭐든 스스로 해보려고 시도를 하기 시작했습니다. 그러고 얼마 지나지 않아 저는 혼자 밥도 먹고, 10분을 붙잡고 돌려도 손에서 피만 나고 열리지 않던 문을 한번에 열 수 있게 되었습니다. 단추도 풀 수 있었고요. 지선이는 처음부터 다시 시작합니다. 늘 어제보다 나아진 오늘입니다. 언제나 소망이 생깁니다.

"운동해라!" "가면 쓰자!" "영어 공부 해야지!" "햇빛 가려라!" 등등… 나에게 잔소리를 해주는 유일한 사람인 오까… 그러나 그 눈에는 사랑이 가득함을 느낄 수 있지요. 이제는 슬픔도 조금씩 걷혀가는 게 보입니다.

내 생명의 은인, 나를 살려놓고 나보다 힘든 시간을 보낸 오까, 나보다 아파했던… 나 대신 마음의 멍을 진 오까… 고마워.

영화의 한 조연이 주연에게

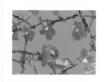 하나뿐인 내 동생….

지선아 기억하니? 우리 밤이면 세상에 둘도 없이 친하게 서로 못하는 얘기 없이 수다 떨다가 아침이면 언제 그랬냐는 듯이 티격태격 싸우고 그랬잖아. 그래도 오빠는 지선이가 내 동생인 걸 한번도 좋아하지 않은 적이 없단다. 늘 입버릇처럼 친구들에게 누구든지 내 동생 아프게 하면 내가 혼내줄 거라고 했었는데… 우리 사고 나기 전에 갔던 여행에서 놀이기구 탈 때도 내 동생 떨어질까 봐 꼭 붙들어주면서 늘 이렇게 지켜줄 수 있을 거라 생각했었는데… 오빠는 바로 옆에 있었는데도… 지선이가 이렇게까지 아프게 돼버렸는데… 아무것도 못했어.

지선이의 그 영화 속에서 사고가 나던 날… 그래 오빠도 그날 참 이상하더라. 하루 종일 느낌이 이상했어. 사고 나고 정신없이 불을 껐을 때… 지선이는 기억 안 나겠지만 네가 했던 첫 마디를 잊을 수가 없어.

"오빠 나 죽여줘. 이러고 어떻게 살아."

솔직히 그 순간 오빠는 내가 너를 구한 게 실수라는 생각이 들었다. 첫 병원에서는 못 살 거라는 이야기를 들은 뒤 이미 새까맣게 타버린 너를 데리고 다시 두번째 병원으로 향해 가면서… 그리고 응급실에 누워 있으면서… 계속 기도했어. 지선이 지금까지 너무나 예쁘고 착하게 살았던 그 모습 그대로 하나님이 데려가달라고. 아니 오빠는 지선이가 2층 중환자실에 있는 동안에도 거의 일주일간은 그렇게 기도했어. 그런데 하나님의 뜻은 다른 데 있었나 봐. 전에는 상상도 할 수 없던 그런 모습으로 변한 지선이, 그리고 그런 너를 바라보는 많은 사람들이 지금 이

순간까지 얼마나 마음을 녹이고 아파하며 괴로워했는지는 아마
하나님만이 아실 것 같다.

지선이 퇴원하고 처음 교회에 갔던 날, 목사님이 하신 설교 기
억나니? "내가 5분만 늦게 갔어도, 내가 5분만 빨리 갔어도, 내
가 오른쪽으로만 갔어도, 내가 왼쪽으로만 갔어도… 우리는 이
렇게 생각하지만 우리 발걸음까지도 모두 하나님이 정하시는
것이다."라는 말씀 말이야. 그래 늘 나를 괴롭히던 생각도 바로
그런 것이었어.

오빠는 아직도 이 모든 현실을 믿을 수가 없어. 그리고 너무나
괴롭고. 하지만 부모님이나 오빠나 그 누구도 이 일의 당사자는
아니야. 가장 힘들고 괴로운 건 바로 지선이 너일 테니까. 그래
누구에게나 있을 수 있는 일이야, 지선아. 그리고 아마 텔레비

전이나 신문에서 흔하게 들을 수 있는 가슴 아픈 이야기 중의 하나이고. 하지만 그런 이야기 중에 해피엔딩인 이야기는 많지 않을 거야. 아니 거의 없을거야. 지선이가 얘기해준 그 영화처럼 그런 해피엔딩은 말이야….

오빠는, 오빠의 너무나 적은 믿음으로는 하루하루 살아가는 것도 힘들 때가 많아. 스쳐 지나가는 일상의 작은 일들에, 문득 문득 떠오르는 지난 작은 추억들에도 너무나 가슴 아프고 나의 세상 어디에도 행복은 없는 것처럼 마음이 무너질 때가 많아. 세상에서 가장 중요한 건 우리 눈앞에 보이는 그런 게 아니란 걸 알면서도 말이야. 아직도 마음이 가난한 자가 되지 못했기 때문이겠지.

지선이가 말한 그 영화… 아마도 그 마지막의 해피엔딩… 그건 그렇게 쉽게 올 것 같지 않다. 지금까지 우리 예상보다 너무나 더디고 힘들게 영화가 진행된 것처럼 오빠에게 그 끝은 너무나 멀어 보이는구나. 그래 어쩌면 우리가 이 땅에서 살아가는 동안에는 세상 사람들이 보기에 그 영화의 해피엔딩은 오지 않을지도 몰라.

하지만 지선아, 우리가 이 땅에서 하나님을 믿고 따르는 게 눈앞에 보이는 것들로 축복받으려는 건 아니잖아… 그렇지? '믿음'이란 현실을 바라보는 게 아니라 하나님의 계획하심을 바라보고 헌신하는 거라잖아. 처음 사고가 나고 하루하루 작은 일에 감사하며 지금까지 온 것처럼… 그렇게 우리 서로 사랑하고 하나님 앞에 헌신하고 그렇게 살자. 언제까지일지는 모르지만 분명 해피엔딩이 올 거야.

우리 해피엔딩을 볼 때까지 그렇게 끝까지 지선이를 사랑해주시는 모든 분들과 함께 기도하고 사랑하고 아껴주면서 행복하게 그렇게… 승리하며 살아가자.

사랑한다 동생아….

2001. 3. 20.

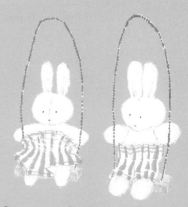

두 번째 이 야 기 오까… 우리 오까

|오까의 일기|

"운동해라!" "가면 쓰자!" "영어 공부 해야지!" "햇빛 가려라!" 등
등… 나에게 잔소리를 해주는 유일한 사람인
오까… 그러나 그 눈에는 사랑이 가득함을 느낄 수 있지요.
이제는 슬픔도 조금씩 걷혀가는 게 보입니다. 내 생명의 은
인, 나를 살려놓고, 나보다 힘든 시간을
보낸 오까. 나보다 아파했던… 나 대신 마음의 멍을
진 오까… 고마워.

2002년 3월. 일본으로 떠나기 전 오까랑 친구들이랑 갔던 안면도 여행.

왼쪽 제가 좋아하는 사진 중 하나입니다. 저런 동생을 업고도 행복해하는 오까의 표정이 참 좋은 사진. 오른쪽 위 엄마랑 뽀뽀! 지선이랑 함께 있을 수 있다는 것만으로도, 목소리를 들을 수 있다는 것만으로도 감사하다는 엄마 덕분에 지선이는 더 열심히, 더 행복하게 살고 있습니다. 엄마는 저에게 가장 행복하게 사는 비결인 감사를 가르쳐주셨답니다. 오른쪽 중간 1999년 새해 첫날. 집 앞 모락산을 거북이 아빠와 함께 느릿느릿 오르며. 오른쪽 아래 2002년 10월 일본에서. 오까가 사주었던 카메라를 잠깐 잃어버렸다가 다시 찾은 후 너무나 행복해하는 표정.

오까의 일기

2000년 10월 1일　　지선이는 지금 일반 병실에서 3일째를 보내고 있다. 중환자실에서 이곳으로 옮기던 첫날의 그 기쁨과 설레임은 조금 가셨고 이젠 또 다음의 장벽들에 부딪혀 조금은 힘들어하며 걱정하고 있다. 하지만 처음에 응급실에 갔을 때를 생각한다면 무엇이든 할 수 있을 것 같다.

오늘 아침에는 지선이 주치의와 잠시 이야기를 나누었다. 성형외과랑 아직 협의 중이어서 얼굴 부위의 피부 이식수술은 언제 하게 될지 확실히 모른다고 했다. 지선이는 요즘 나와 함께 병실에서 두 팔과 손, 그리고 어깨의 재활을 위해 조금씩 운동을 하고 있다. 눈 감는 연습은 물론이고 작아진 입을 벌리는 훈련도 한다. 많이 지쳐하고 힘들어하고 가끔 짜증도 내는 모습에 마음이 너무 아프다.

특히 오른쪽이 많이 힘들다. 오늘 의사의 얘기로는 오른쪽 손가락 중 엄지를 제외한 네 개와 왼손 새끼손가락은 여전히 절단해야 할 가능성이 높다고 했다. 지선이는 아직 이 사실을 모른다. 곧 이 사실을 알게 되면, 그리고 자신의 오른손을 보면 많이 낙담할 것 같다.

우리가 의사가 아니라서 기도밖에 할 수 없는 게 아니라, 우리가 할 수 있는 가장 강력한 것이 기도라는 생각이 든다.

2000년 10월 6일　　일반외과에서 성형외과로 옮기면 금방 수술을 받는 걸로 알았는데 외과 과장 선생님의 말로는 의사가 없어서 지금 수술을 할 수 없다고 한다. 의료 파업 때문이다. 현재로서는 언제 수술을 하게 될지도 알 수 없다고 한다. 지선이의 얼굴 수술은 한시가 급한 상황인데 정말 어찌 되는 건지 잠깐 걱정이 앞선다. 하지만 하나님만의 계획과 방법이 있으리라는 믿음에 다시 안심이 된다.

감사하게도 이제 손끝의 감각은 조금 찾았지만 어제는 손가락에서 피가 많이 났다. 그리고 어젯밤에도 열이 40도까지 올라가면서 많이 아팠다. 지선이는 열만 안 나면 찬송가도 부르고 침대에 앉아서 율동도 한다. 그저께는 잡아주긴 했지만 열 걸음 정도 걸음마도 했다.

사고 후 68일이 지났다. 지선이와 가족들은 68일째 주님의 사랑으로 더 살고 있다고 생각한다. 지금의 이 작은 믿음이 약해지지 않고 힘내서 나갈 수 있으면 좋겠다. 지선이는 중환자실에서 나오니 이제 조금씩 욕심이 생긴다고 한다. 그저 가족들과 함께 있기만을 바랐는데 자꾸 더 많은 것을 바란다고…. 어리석은 생각으로 마음 약해지지 않고, 너무 많은 욕심 내지 않으며 늘 감사하고 싶다.

2000년 10월 21일　　　지선이가 그저께부터 항생제 주사를 안 맞고 링거도 뺐다. 그래서 어제는 아무도 없는 밤에 둘이 함께 병동 복도를 왔다갔다했다. 누가 있으면 창피하다고 한다. 자기가 마스크맨이라 그렇다나…. 체중계에도 올라갔는데 살이 하나도 안 빠졌다면서 내일 아침부터 굶을 거라고 씩씩거렸다. 하지만 어제도 밤에 냉면에 치킨까지 먹었다. 시종 농담에 춤추는 듯한 몸짓에… 복도에서 둘이 함께 한참을 웃으면서 놀았다. 몸이 기우뚱할 때마다 지선이는 "여기서 넘어지면 정형외과로 바로 간다."라며 웃었다. 어젯밤에는 계단도 열 개 정도 올라갔다.

지선이 병실 앞에는 'PS(성형외과) 이지선'이라고 씌어 있다. 지선이는 그걸 보고 계속 '추신 이지선'이라고 한다. 덤으로 살게 해주셔서 감사하다고 늘 입으로 말해왔는데 어제와 그제는 그 말이 정말 피부에 와닿으며 너무나 기쁘게 감사드렸다.

이번 주말이나 아니면 다음 주 초에 고대 구로병원으로 옮길 예정이다. 여전히 손가락이 걱정이고 몸 이곳저곳이 가려워 고생하고 있지만, 이제 열은 가끔씩 나는데 그것도 38도 이상은 오르지 않는다.

사고 난 지 83일째 되는 날이다. 올해 첫눈 오기 전에는 집에 가자고 했었는데… 지선이가 이제는 내년 첫눈 오기 전에 가자고 한다. 지선이가 그런 여유로운 마음을 가질 수 있어 정말 감사하다.

2000년 10월 23일   오늘은 지선이가 외출을 했다. 고대 구로병원에 진찰을 받으러 다녀왔다. 진찰 결과는 별로다. 얼굴은 역시 심각하다. 수술을 여러 번 해야 한다고 그런다. 그런데 그것도 아직 수술 일정 때문에 다음 주 월요일에 다시 이야기하기로 했다. 손은 역시… 양쪽 엄지를 제외한 손가락 여덟 개를 모두 한 마디씩 포기해야 할 것 같다. 가능성이 없어 보인다. 오른손은 붕대 때문에 몰랐는데… 거의 녹은 상태라는 것이다.

아직 지선이는 모르고 있다. 나 역시 어떻게 받아들여야 할지 아직 모르겠다. 하나님이 보시기에 좋은 모습이었으면 좋겠다고 기도했는데… 어떻게 해야 감사로 받아들이며 기도할 수 있는 건지… 그걸 위해 기도해야겠다. 지선이 역시 어떻게 받아들이고 앞으로 어떻게 살아야 할지 하나님이 알게 해주셨으면 좋겠다. 하지만 정녕 바라기는… 하나님께서 그 손, 그 모습 그대로 해주셨으면….

사고 난 지 85일째다. 평생 그날을 후회하면서 살고 싶지는 않다. 앞만 보고 늘 감사하면서 살고 싶다.

2000년 11월 1일

지선이가 병원을 무사히 잘 옮겼다. 어제 오후 3시쯤 병실에서 예배를 마치고 병원에서 걸어 나오는데 지선이가 병원을 향해 "한강성심병원 고마워! 나 걸어 나가게 해줘서…"라며 웃었다. 지선이는 들것에 실려 들어갔던 그 응급실 바로 옆문으로 예쁜 모자를 쓰고 걸어 나왔다. 정말 감사한 일이다. 사고 난 지 93일째 되는 날이다. 이제 다시 치료를 위해 새로운 길로 접어든 듯하다.

고대 구로병원에 도착해 병실로 올라가기 전 로비에 잠시 있었다. 그사이 끊임없이 쏟아지는 시선들이란… 왔다갔다하면서 쳐다보는 사람들이란… 화상 환자가 없는 병원이라 더 그런가 보다 했다. 이제껏 살면서 내가 무심코 장애인들을 쳐다보았던 눈들이 장애인 당사자나 가족들에게 얼마나 따가웠을까라는 생각이 들었다.

지선이는 기분이 많이 좋은 상태다. 한 단계를 지났다는 생각도 있고 조금만 있으면 답답한 얼굴 붕대를 풀 수 있을 거라는 기대도 있다. 오늘은 검사하러 갈 때 내가 모자를 쓰자고 했더니 지선이는 이 얼굴로 평생 지낼 것 아닌데 싫다면서, 쳐다보는 눈길도 이젠 이길 거라며 그냥 다녀왔다. 이 기분 그대로 어서 치료되었으면 좋겠다.

병실의 텔레비전은 100원짜리 동전을 넣으면 30분 동안 볼 수 있다. 그런데 텔레비전을 보다가 시간이 다 되어 딱 꺼지면 지선이는 아주 애처로운 눈빛으로 "이잉, 또 보자…." 한다. 복도에 사람이 많아 산책은 못하고 어젯밤에는 조금 일찍 잤다.

2000년 11월 5일　　한강 성심병원에서는 치료를 받을 때 진통제 없이도 잘 견디던 지선이가 이번에는 많이 힘들어한다. 약을 다른 걸 바르는지 너무 많이 아파서 오늘도 진통제를 두 대나 맞고 겨우 밥을 먹었다. 지선이도 간절히 수술을 기다리고 모두들 곧 할 거라며 기대하고 있었는데 아직도 아닌 듯하다. 오늘 치료하러 온 의사 선생님들의 말로는 얼굴에 상처가 너무 많고 피부 이식을 위해 떼어낼 부분도 마땅치 않아 여러 가지 이유로 아직 수술 일정을 잡을 수가 없다며 과장 선생님도 고민이 많다고 했다. 인간적인 마음으로 사방을 둘러보면 아무런 대책이 없지만 하나님이 함께하신다는 걸 믿고 나갈 수 있으면 좋겠다. 모든 상황들이 수술에 적합한 최적의 상황이 되기를 기도한다.

2000년 11월 8일   어제 11월 7일은 지선이가 새 생명을 얻은 지 100일째 되는 날이었다. 저녁을 먹은 후 아버지와 어머니, 지선이, 나 이렇게 네 식구가 조그만 케이크에 초를 열 개 켜고 100일 잔치를 했다. 지선이에게 새 생명 주신 것이, 그리고 너무나 소중한 지선이와 함께 시간을 보낼 수 있는 것이 정말 감사했다. 몇 차례 힘겨운 시도 끝에도 지선이 혼자 촛불을 끄는 건 힘들어서 가족들이 함께 껐다. 그러더니 지선이가 왼손 엄지손가락으로 생크림을 찍어 맛을 보았다. 아차 싶었다. "이거 어디서 샀어? 내가 신촌에서 사오라고 했지!"라며 지선이가 웃었다. 맛있는 케이크 사온다고 약속해놓고선 그냥 병원 근처에서 샀더니 금세 들키고 말았다.

작은 잔치를 마치고 부모님은 교회 기도회에 가시고 나는 지선이와 함께 있었다. 〈가을동화〉 마지막회를 보았는데 장례식 장면을 보던 지선이가 "에고, 나 죽었으면 어쩔 뻔했어… 에고…." 하며 웃었다. 행복했다. 드라마를 다 보고 나자 얼굴에 다시 통증이 오는 듯했다. 조금 참다가 진통제를 맞고 오랜만에 둘이 함께 복도를 산책했다. 체중도 재보았는데 500그램 줄었다고 "우후!" 소리를 지르며 신이

났다. 간호사들은 지선이가 걷는 모습을 처음 봤다며, 자기들은 지선이가 못 걷는 줄 알았다고 말했다. 그 말에 지선이는 더 성큼성큼 걸었다.

너무나 고통스런 치료, 불확실하기만 한 수술, 잘 듣지 않는 진통제…. 그래서 잠깐 동안 마음이 어두워질 때도 있었는데… 100일을 지내고 보니 그런 작은 일들 역시 조금씩 해결되고 있다는 사실에 감사했다.

오늘부터 다시 전면 의료 파업이라는데 지선이의 수술이 차질 없이 진행되었으면 좋겠다. 치료 과정의 고통도 줄어들고 지선이가 재활 운동에도 더 열심을 낼 수 있으면 좋겠다.

2000년 11월 23일　　　오늘로 지선이가 사고를 당한 지 114일, 고대 구로병원으로 옮긴 지도 22일째다. 지선이의 상태는 지난주와 크게 다르지 않다. 아직 수술에 대한 이야기는 전혀 없다. 여전히 하루에 두세 대의 진통제를 맞아야 견딜 만큼 아파하고 있다. 어제는 아무 계획도 없고 성의도 없는 듯 보이는 의사들이 원망스러워 속이 상했다. 그러나 잠시 후 내가 얼마나 어리석은지 깨달았다. 이미 지선이의 상황은 사람 손의 능력을 떠났고 처음부터 하나님만 바라보고 달려왔는데 이제 와서 사람의 손만 보며 애태우고 있는 모습이라니…. 사방이 꽉 막혀서 아무것도 보이지 않을 때, 분명 그때 하나님이 응답하실 것이라 믿는다.

지선이는 여전히 씩씩하게 잘 지내고 있다. 진통제 안 맞으려고 노력하다가 그래도 못 참겠으면 한 대 맞고, 그러면 또 기운이 나서 찬송가를 부르고 산책도 하고 그런다. 어제는 치료받는 날인데도 간호사실과 의사들 간에 의사소통이 안 돼서 그냥 넘어갔다. 오늘 아침에야 치료를 받았는데, 그래서 그런지 진물이 많이 났다. 그런데도 엽기녀 이지선은 이렇게 묻는다. "진물이 무슨 맛인 줄 알아?" 답은 짭짤한 맛이란다.

아무튼 전에는 지선이가 아주 늦은 밤 사람들이 없을 때에만 복도에 나가려고 했는데 요즘에는 사람들 눈을 별로 의식하지 않고 낮에도 산책을 나간다. 운동도 열심히 하려 하고… 기특하다.

2000년 11월 28일 어제는 밤늦게 레지던트가 병실을 다녀갔다. 내일 한 번 더 치료하면서 상처를 보고 이번 주나 다음 주에 수술을 하기로 했다고 한다. 얼굴은 아직 상처가 너무 많아서 바로 피부로 덮을 수 없고 전체에 인조피부를 써야 하며 손가락은 한 마디 정도 절단해야 할 거라고 했다. 어제는 아버지가 지선이랑 병실에 있었는데 레지던트의 말을 듣고 지선이가 많이 울었다고 한다. 한참을 울다가 잠이 들었다고, 아침에 어머니와 함께 병원에 들르자 아버지가 전해주셨다.

어머니와 나도 너무 가슴이 아팠다. 10시쯤 잠에서 깨어난 지선이에게 아침을 먹였다. 몇 숟가락을 먹던 지선이는 갑자기 눈물을 흘리면서 어젯밤 의사에게 들은 이야기를 꺼냈다. 그러고는 "엄마 나 손가락이 조금 짧아질 건가 봐…. 어젯밤에는 너무 속상해서 막 눈물이 나고 그랬는데 밤새 하나님이 그 마음 가져가셨어. 그냥 하나님이 손가락 조금 짧아지더라도 손 다 쓸 수 있게만 해주시면 좋겠어. 나 정말 괜찮다. 엄마, 꿈에 예쁜 내 얼굴도 봤어…."라고 한다.

한참 동안 할말이 없었다. 지선이가 일어나기 전에는 너무 속이 상해서 하나님에게 실망하는 마음까지 생기고, 사고 나던 그날이 또다시 후회스러웠는데… 지선이의 한마디에 금세 힘이 나면서 하나님께 감사했다. 지선이에게 두 팔과 두 손, 나머지 손가락을 허락하셔서, 지선이에게 이길 믿음과 마음을 주셔서 감사했다. 어젯밤 그 절망의 시간에 지선이의 마음을 찾아와주신 하나님께 감사했다.

지선이가 그 아름다운 마음 절대 잃지 않았으면, 지선이가 손을 꼭 쓸 수 있게 되었으면 좋겠다.

2000년 12월 11일　　오늘 지선이는 또 전신마취를 하고 수술실에 갔다. 지난주에 한 수술이 잘 되었는지 확인하고 머리를 깎은 후다시 수술을 한다고 했었기 때문이다. 하지만 이번 주 수술은 못하게 되었다. 얼굴에 부분적으로 염증이 생겼다고 한다. 인조피부가대체적으로는 착상이 잘 되었는데 군데군데 이음 부분에 염증이 생기고 좀 녹아내린 것이다. 그래서 이제 매일 병실에서 얼굴을 치료하며 염증이 사라질 때를 기다려 수술을 한다고 했다. 결국 매일 치료받는 아픔을 참는 일만 지선이에게 남았다. 그래도 인조피부로 재수술받지 않아도 되는 게 감사하다.

사고 난 지 134일째다. 얼마나 더 오랜 시간을 상처들과 싸워야 하는지 알 수는 없지만 참 긴 시간이었다. 누구보다도 지선이에게 너무나 힘든 시간이었을 것이다. 이제는 하나님 말고는 아무도 아무것도보이지 않는다. 누군가 '절망'이란 이 세상에는 더 이상 아무것도 기댈 데가 없을 때, 그래서 비로소 신만을 향해 몸을 돌리게 되는 순간을 의미한다고 말했다. 이제는 지선이도 우리 가족도 그 절망의 단계에 이른 듯하다. 앞으로도 얼마가 될지 모르는 그 긴 시간 동안 얼마나 많은 고통을 경험해야 할지 모르지만, 이제는 세상 그 어느 것이 아닌 하나님만을 바라보는 절망 속에서 진정한 행복은 마음에 있다는 것을 알아가려고 한다.

2000년 12월 13일　　지선이는 요즘 매일 두 번씩 얼굴 치료를 받고 있다. 염증을 가라앉히고 다시 이식수술을 하기 위해서다. 나름대로 잘 참고 있고 밝은 편이다.

어제는 치료를 마치고 붕대를 풀었다. 아주 얇은 바셀린거즈 한 겹만 남긴 상태였다. 그렇게 열어놓아야 치료가 더 잘 된다고 한다. 그래서 지선이 얼굴을 보게 되었다. 나는 지난번에 치료할 때 본 적이 있어서 많이 놀라지 않았는데 어머니가 많이 놀라셨다. 볼에 살이 하나도 없고 아직 여기저기 피가 좀 고여 있고… 솔직히 예전의 지선이 모습은 어디에도 없다. 눈매도 변했고 입 주위도 부어서 전혀 지선이라고 알아볼 수 없다. 하지만 지선이는 너무나 좋아했다. 얼굴이 너무 가볍다면서… 그 지겨운 붕대를 풀어서 너무 좋다고 말이다. 지선이의 행복한 모습을 보니 나도 금세 행복해졌다. 아직은 인조피부를 덮어놓은 상태이고 머리도 깎은 상태지만 이식수술만 마치면 그 얼굴에 다시 살이 차오를 거라 믿는다. 비록 예전과 똑같은 모습은 아니라 해도 하나님이 보시기에 좋은 모습으로 만들어주실 거라 믿는다.

지선이 얼굴의 염증이 빨리 가라앉아서 어서 수술을 할 수 있으면 좋겠다. 어머니 마음의 상처도 어서 아물었으면 좋겠다.

2000년 12월 19일　　지선이는 여전히 하루에 두 번씩 아침과 저녁마다 얼굴 치료를 하면서 잘 지내고 있다. 예전처럼 많이 아파하지도 않고 치료 시간도 10분 남짓 걸린다. 진통제를 끊어보려고 많이 참고 있지만 아직은 끊지 못하고 있다. 그래도 처음에 붕대를 풀었을 때는 얼굴에 살이 하나도 없고 눈매도 지선이가 아닌 것 같아 낯설었는데 지금은 얼굴에 살도 어느 정도 차오르고 눈매도 조금 예전처럼 보인다. 자꾸 보니까 내 동생 같다. 아직 수술을 언제 할지는 모른다. 이제는 시를 다투는 그런 상황이 아니기 때문에 신중히 하려는 것 같다. 지선이 왼손은 아직 아물지 않아 많이 아픈데 오른손은 다 아물어서 다시 운동을 시작했다. 그래도 이제는 지선이가 운동을 하려고 많이 노력해서 편지도 지선이 혼자 양손 엄지로 들고 읽는다.

지난 주일날은 지선이가 참 많이 울었다. 내가 밤에 갔더니 하루 종일 울었다면서 속마음을 말한다. 그렇게 나랑 같이 또 한참을 울었다. 그냥 누워서 텔레비전을 보고 있으려니 이제는 세상 사람들 사는 게 보여서 너무 속상하고… 이런 모습이 아니라도 평생 하나님 일 하면서 살았을 텐데 하나님은 내게 왜 그러셨을까… 하는 생각도 들고… 날마다 좁은 병실에서 쪼그리고 식사하시는 어머니 모습도 너무 속상하고… 그래서 많이 울었다고 한다. 그래도 그렇게 울고 나니 마음 한 구석이 편안해지면서 많이 후련해졌다고 이내 웃었다. 그리고 이 고난의 의미를 알게 되는 날까지 얼마나 걸릴지는 모르지만 하나님께 감사하고 사랑하는 믿음을 절대 버리지 않기를 함께 기도했다.

그러고 보니 지선이 눈에서 눈물이 난다. 눈물샘이 상해서 눈물마저 안 나는 건 아닌가 걱정을 많이 했는데 지난주부터 닭똥 같은 눈물을 뚝뚝 흘린다. 이것 역시 너무 감사한 일이다.

지선이는 "우리 중환자실에서 첫눈 오기 전에 집에 가자고 했는데… 나 집에 못 가게 하려고 올해는 눈이 안 올 건가 봐…." 한다. 그래도 이번 크리스마스에는 눈이 왔으면 좋겠다.

2000년 12월 25일 　어제는 교회에서 정말 많은 분들이 오셔서 지선이와 함께 크리스마스 이브를 보내주셨다. 얼마나 감사한지 모르겠다. 특히 많은 분들이 써주신 크리스마스 카드는 모두 세 명이 동원되어 지선이에게 읽어주었고 벽에 붙이는 데도 두 시간이 넘게 걸렸다. 사고 난 이후로 그렇게 행복해하는 지선이 표정은 처음이었다. 사람들이 모두 가고 난 뒤에도 지선이는 여전히 그 감동을 잊지 못해 마냥 좋아했다. 자정쯤에 가족끼리 또 한 번의 작은 파티를 했다. 부모님은 집으로 가시고 지선이와 지선이 친구 둘, 나 이렇게 넷이 병실에 남아 밤을 보냈다. 카드를 읽고 벽에 붙이고 이야기를 나누고 웃고… 창가까지 걸어가서 눈 오는 것도 구경하고… 지선이는 오늘이 생애 가장 행복한 크리스마스라며 참 좋아했다.

하나님은 주위 사람들을 통해서도 그 사랑을 보여주신다. 지난 다섯 달 동안 지선이에게 쏟아진 주위의 그 많은 사랑과 관심… 그 모든 것들을 통해 하나님의 사랑을 느낀다. 아직도 많이 어렵고 힘들고 또 얼마나 오랜 시간이 걸려야 이겨낼 수 있을지 모르지만 이런 사랑이 늘 함께한다면 끄떡없이 나갈 수 있을 것 같다.

2001년 1월 5일 어제는 과장 선생님과 여러 의사 선생님들이 와서 지선이 상태를 봤다. 수술 여부나 시기를 결정하기 위해서다. 일단 수술을 미루기로 했다. 지선이 얼굴에서 피부가 조금씩 살아나고 있기 때문이다. 지난 연말쯤부터 지선이가 이마 위쪽이 가렵다고 하더니 피부가 조금씩 나오는 것 같아 보였다. 하지만 치료하는 레지던트들은 피부가 아니라고, 만약 그게 피부라면 정말 기적이라고 했다. 그런데도 지선이의 믿음은 흔들림이 없었다. 그리고 지금… 정말 신기하게도 이마의 절반 정도와 양쪽 귀 끝 부분, 입 주위와 코, 왼쪽 눈 주위에서 피부가 살아나오고 있다. 얼굴 전체의 3분의 1 정도에서 말이다. 의사들은 그야말로 기적이라고 말한다. 그래서 피부가 최대한 살아나올 때까지 기다리기로 결정한 것이다.

치료하는 레지던트들은 치료하면서 "어떻게 이게 살아나오지?"라며 서로 신기해한다. 그럴 때마다 지선이는 "기도하니까 살아나오죠." 라고 대답한다. 그랬더니 어떤 레지던트가 지선이에게 자기 미국으로 유학 가게 기도해달라고 한다. 지선이가 "그런 기도는 직접 하셔야죠." 했더니 레지던트가 지선이더러 자기 기도만 한다고 이기주의자라면서 함께 웃었다.

얼굴 전체로 봐서는 아주 작은 시작일지 모르지만 분명 하나님이 일하고 계시다는 생각이 든다. 지선이의 살아나오는 피부가 얼굴 전체를 덮을 수 있었으면 좋겠다. 그리고 중독성이 강한 진통제를 끊기 위해 고생하는 지선이가 힘을 낼 수 있도록 기도해야겠다.

2001년 2월 15일 내일은 다시 전에 있던 한강성심병원으로 옮겨간다. 마음이 많이 무겁고 또 두렵다.

사고 난 이후로 지금까지 정말 많은 시간이 흘렀다. 가끔은 아무것도 변한 게 없다고 여전히 행복하다고 생각하다가도… 또 아주 가끔은 모든 것이 변했다는 걸 깨닫고 지선이를 바라보기가 너무 힘들 때가 있다. 이 모든 상황이 금방이라도 바뀔 수 있다고 생각하며 기뻐하다가도 어느 순간은 너무나 낙심해서 지난 시간에 대한 그리움과 알 수 없는 분노가 솟구쳐오를 때가 있다. 아마도 나의 얕은 믿음 때문이리라. 하지만 지선이는 내가 그런 마음속의 변화를 겪고 있을 때도 늘 평안해 보인다. 가끔은 울기도 하고 힘들어할 때도 있지만 지선이의 마음속에는 늘 하나님이 계신 것 같다. 오늘도 나는 이 병원으로 옮겼던 게 정말 잘한 일이었는지 후회하며 갈등하고 있는데, 지선이는 병원에 누워 있는 동안 받았던 용돈을 털어서 병원의 여러 분들에게 초콜릿을 나누어드리고 있었다.

예전에 나는 내가 가지고 있는 것들에 많이 집착했었다. 사람, 물건, 시간, 추억들…. 하지만 사고를 당하고, 사고 전에는 한번도 겪어보지 못했던 도난을 두 번이나 당하면서 나는 예전에 정말 소중하다고 생각했던, 그래서 내가 손 안에 꼭 쥐고 지킬 수 있다고 생각했던 많은 것들을 잃었다. 그리고 그런 것들이 정말 내 것이 아님을 깨달았다. 내가 진정으로 이땅에서 가질 수 있는 것, 그것은 나의 육신도 나의 재물도 나의 운명도 아니라는 것을 말이다.

하나님이 늘 함께하신다는 믿음을 가질 때 비로소 내가 이 땅에서 지킬 수 있는 것을 가질 수 있다는 걸 알았다. 그런 믿음이 지선이 속에 있기에 이 두려움을 이기고 다시 그 병원으로 간다.

2001년 2월 22일　　그저께 수술을 마친 지선이는 오늘 오후에 드디어 병실로 올라왔다. 그동안 미뤄왔던 얼굴 피부 이식수술을 받은 것이다. 이번 수술은 참 힘들었다. 원래 세 시간 예정이던 수술이 일곱 시간이 넘게 걸렸다. 오늘 점심에는 첫번째 치료를 하면서 얼굴과 가슴을 열어보았고 그저께 수술할 때 떼어놓았던 피부로 등에도 이식을 마쳤다. 아직 수술 결과가 어떤지는 잘 모른다. 아직은 입만 빼고 전부 붕대를 감아놓아 조금도 움직일 수 없는 모습이지만 그래도 지선이의 목소리가 참 밝다. 이번 이식수술의 경과는 앞으로 2주 정도가 고비다. 착상이 잘 되고 치료만 잘 하면 2-3주 뒤에는 더 이상 드레싱은 받지 않아도 될 것 같다.

2001년 2월 25일　지선이의 상태가 정말 좋다. 이식 후 피멍이 생기면 나중에 흉터가 많이 남는데 얼굴 부분에는 피멍도 없이 착상이 아주 잘 되었다. 특히 화상이 깊었던 양쪽 볼은 의사가 예상보다 너무 잘 되었다고 했다. 등도 그렇고 손가락 끝 부분도 잘 되었다. 다만 가슴 부분에 피멍이 좀 있는데 의사의 말로는 주위의 피부가 있기 때문에 괜찮아질 거라고 한다.

2001년 2월 27일　오늘은 사고 후 7개월 동안 한번도 볼 수 없었던 지선이의 맨얼굴을 보았다. 그냥 치료 중에 우연히 본 게 아니라 완전히 열어놓은 얼굴이었다. 지선이는 얼굴이 너무 가볍다며 무척 좋아했다. 그러고는 용기를 내서 자기 얼굴을 보고 싶다고 한다. 그러더니 CD 케이스에 얼핏 비친 자기 얼굴을 본 모양이다. "에고 무섭다…." 하면서 "당분간 관계자 외에는 면회 절대 사절."이라며 웃는다. 두 눈도 어려움 없이 깜빡이면서 "이건 깜짝쇼!"라며 좋아했다. 가족이 아닌 다른 사람들은 아직은 마음의 준비를 하고 봐야 할 것 같다. 눈썹도 없는 모습이 마치 예쁜 외계인 아기 같다.

직접 수술을 하셨던 병원 원장님이 오시더니 본인 스스로도 만족하실 만큼 수술이 잘 되었다면서 얼굴을 계속 열어둬도 될 것 같다고 하셨다. 지선이 눈을 보시고 클레오파트라 같다면서 웃으시기에 나중에 지선이에게 클레오파트라 눈이 어떻게 생겼냐고 물었다. 지선이는 "길죽하게 이상하지 뭐…." 하며 웃었다. 눈이 정말 좀 이상하긴 하지만 잘 감고 뜰 수 있는 상태니 다행이다. 피부도 전체적으로 깨끗한 상태다. 의사 선생님의 말로는 앞으로 한 달에서 두 달 정도 덧살(켈로이드성 피부)이나 당김이 심하지 않다면 그 후로는 안심해도 될 거라고 하셨다.

지금의 이 모습에서 매일매일 하나님이 생기의 영으로 건강한 피부가 될 수 있도록 해주시고 덧살이나 당김이 없도록 해주셨으면 좋겠다.

2001년 3월 5일　　지선이가 오늘 병실을 다시 옮겼다. 병실이 있는 한 층을 모두 공사를 한다고 해서 어쩔 수 없이 옮긴 것이다. 아침부터 밖에서는 건물 부수는 소리가 시끄럽게 들리고 짐은 옮겨야

하고 정신이 하나도 없었지만 그 짐을 다 옮기는 동안에도 우리 지선이는 내내 잘 자고 있었다. 아무도 지선이를 막을 수 없다는 듯이.

얼굴은 잘 아물고 지금은 가슴과 등의 치료를 하고 있다. 지선이가 그동안 기도할 때면 딱 반나절만이라도 아프지 않게 해달라고 했는데 이제는 나랑 같이 운동할 때 빼고는 하루 종일 하나도 아프지 않고 행복하다고 한다. 그래서 내가 일찍 나가서 늦게 들어오면 그나마도 안 아플 것 같다고 장난삼아 이야기한다.

며칠 전 하루 종일 친구도 손님도 다녀가지 않은 날 저녁때쯤 지선이가 "이렇게 무서운 화상을 입고도 겨우 살아났는데… 이젠 죽을 것 같아…"라고 하는 것이다. 그래서 왜 그러냐고 물었더니… "심심해서…"라고 대답을 해 둘이 한참 웃었다. 그 모습이 참 보기 좋았다. 이렇게 지선이 마음을 강하고 밝게 해주시는 하나님께 너무나 감사드린다.

2001년 3월 7일   지선이가 오늘 오후에 퇴원을 한다. 오전에 회진 오신 의사 선생님에게 지선이가 아침 내내 연습한 대사로 "선생님, 저 집에서 하루만 자고 오면 안 될까요?" 하고 물었더니 선생님께서 "그래 가! 아주 퇴원해!" 하셨다는 것이다.

등과 가슴에 이식한 부분이 자꾸 조금씩 녹는데 몸을 움직이지 않아 그런 거라고 하시며 집에 가서 자꾸 움직이라고 퇴원하라는 말씀이다. 지금 치료는 이틀에 한 번씩 하니까 이틀에 한 번 외래로 와서 치료받고 재활치료도 하면 된다고 한다.

언제쯤 집에 올까 했었는데 드디어 지선이가 집에 온다. 늦어도 다음달에는 또 수술을 하기 위해 입원하겠지만 그래도 220일 만에 살아서 집에 올 수 있다니…. 집에 오면 환자도 보호자도 더 힘들다고는 하는데 그래도 오늘만은 기분이 좋았다. 다 나은 건 아니지만 그래도 이렇게 좋은 날을 주신 하나님께 너무나 감사를 드린다. 아주 작은 한 단계이고 아직도 너무나 어려운 일들이 평생 기다리고 있겠지만… 이제 두려움은 없다.

동생, 힘내!

동생! 오늘은 날씨가 정말 좋다. 약간 눈부신 햇살, 시원한 바람, '신록 예찬'이라는 글에서 본 그런 하루인 것 같다. 이런 날씨에 취해서 멍하니 있다가 문득 동생 생각이 났다. 5월은 아니었지만 작년 여름 인제 내린천에서 래프팅 할 때 환하게 웃던 동생 생각이. 그리고 동생이 언제쯤이면 이 좋은 햇살 아래서 환하게 웃을 수 있을까 하는 생각도 들었다. 하나님은 아시겠지?

어제 본 텔레비전 프로그램에 2년 전 누군가에게 황산 테러를 당해 화상을 입고 50일 만에 세상을 떠난 여섯 살짜리 아들을 가슴에 묻고 사는 한 어머니의 이야기가 나왔어. 그때 병원에서 아들을 찍어놓은 필름도 있더라. 너무나 많이 보았던, 미라처럼 온몸을 휘감은 붕대… 마치 내 동생을 보는 듯했어. 아이는 떠났고 어머니는 지금도 그 아이를 매일처럼 그리며 눈물 짓고 살고 있더라.

가슴이 많이 아팠다. 그리고 사고가 났던 날과 장소를 너무나
힘겹게 생각하고 바라보며 후회하는 모습이 나랑 많이 비슷하
고. 그런데 프로그램을 보고 나서 문득 그렇게는 살지 말아야겠
다는 생각이 들었다. 오까는 사고 이후로 우리 사고 난 그 길을
세 번 지나갔어. 물론 낮이었지. 지난주에는 학원에서 돌아오는
길인데 밤이라 그런지 도저히 지나갈 용기가 나지 않더라. 그래
서 학교까지 다시 가서 다른 길로 돌아오는 방법을 택했지. 그
렇다고 바보라고는 하지 마. 아직은 맘이 너무 아프니까.

내년에도 또 내후년에도 변함없이 5월의 어느 날은 이렇게 청명
하고 아름다울 거야. 그리고 내 동생도 동생 홈페이지에 있는
해바라기처럼 밝은 햇살 아래 환하게 웃어줄 날이 있을 거라고

믿는다. 그때까지 동생이 더욱 힘내고 더욱 열심히 살아주었으면 한다!

파이팅, 이지선!

2001. 5. 11.

막강 화상 1등

조금씩… 조금씩… 밀리서나마 거울에 비친 제 모습이 눈에 들어왔

습니다. 태어나 처음 보는 얼굴이었습니다. 지금의 이 얼굴은 아무리 못 본 척한

다고 해도, 아무리 아니라고 부정을 해도 지워질 수 없는 저 '이지선의 얼굴'이었습

니다. 그 얼굴을 저로 인정하고 받아들이는 것이 새롭게 주어진 '넘의 삶'을 제대로

살아나가기 위한 첫번째 숙제였습니다. 처음 보는 제 얼굴에 놀라지 않고

그 어색함을 이기기 위해… 마음과 생각을 지키기 위해… 낯

선 저에게 손을 흔들며 인사했습니다. "안녕, 이지선!" 거울 속에 있는 새

지선이도 인사를 했습니다.

"지선아, 사랑해"라고…

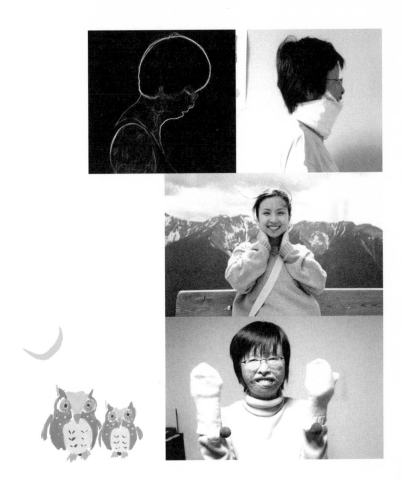

2002년 3월 25일. 미용실에 잠깐 따라갔다가… 히히….
전신 거울이 있기에 최대한 다리 안 굵어 보이게 꼬고 또 꼬아서 힘들게 찍은 사진.

맨 위 |왼쪽| 2002년 1월의 지선이. 일부러 구부린 게 아니에요. 아주 자연스럽게 선 자세입니다. |오른쪽| 2002
년 10월. 열한번째 수술 후. 완전히! 완전히! 쫙 펴진 지선이의 척추! **오른쪽 중간** 1999년 엄마와 교회 식구들이
랑 함께 떠났던 캐나다 여행. 밴프(Banff)시를 둘러싼 산 중 하나인 설퍼산(Sulphur Mountain) 정상에서. **오른쪽**
아래 2002년 겨울. 엄마를 대신해 잠깐 동안 지선이를 돌봐주었던 현경 언니가 자전거 탈 때 손 시리지 말라고
선물해준 벙어리장갑. 언니는 제 짧은 손가락을 생각해 손가락장갑 대신 어린이용 벙어리장갑을 사주었습니다.
그래서 더 따뜻했던 장갑.

가출 소녀, 7개월 만에 컴백홈

　　　　　　　　　　　　　사고가 나고 7개월 후인 2001년
3월 7일 저는 집으로 돌아왔습니다. 드디어 퇴원을 한 것이지요.
2000년 어느 여름 밤 돌아오려던 집에 계절이 세 번 바뀌고 나서야
돌아올 수 있었습니다. 현관 들어오며 사진 한 장 찍고, 환자복이 아
닌 제 옷을 입고, 침대가 아닌 의자에 앉아 글을 썼습니다. 집에 오
자마자 예배도 드렸습니다. 제가 그때 얼마나 행복했는지 아마 집을
떠나보지 않은 사람은 잘 모를 겁니다.

정말 긴병에 효자 없다는데… 하나님의 사랑은 절대 그렇지가 않네요. 저는 압니다. 제가 그렇게 집에 돌아올 수 있었던 건 제가 잘 참아서가 아니란 걸요. 모두의 사랑과 눈물 어린 기도 때문이란 걸요.

그날… 해를 넘기고 7개월 만에 돌아온 집에서 저는 주체할 수 없는 기쁨으로 감사의 기도를 드렸습니다. 돌아보면… 사고 이후 제 마음을 보여주고 털어놓았던 글들 모두 눈물 없이는 쓸 수 없는 것이었지만, 그 날 제 마음속에 떠오른 감사의 인사를 한줄 한줄 써내려간 글은 그 어느 때보다도 뜨거운 감사의 눈물이 함께 한 글이었습니다.

목사님, 전도사님, 시온성가대, 바울공동체, 또 서문교회 친구들, 선배님들, 아픈 친구를 위해 '지사모'라는 인터넷카페까지 만들어준 6학년 2반 동창들, 병원 문이 닳도록 와서 머리 감겨주고 귀 파주고 '기쁨조'가 되어준 친구들, 멀리 미국에서 바쁜 유학 생활 속에서도 기도를 아끼지 않는 명진종 선생님, 강명찬 선생님, 진영이, 그리고 성은이, 나 때문에 하나님을 원망하셨다던, 하지만 이제는 내 속에서 하나님을 보신다는 경란 이모, 멀리 하남에서 기도해주시러 일주일에 네 번씩이나 어려운 걸음을 하셨던 장로님, 식구들만큼이나 맘 아파하시며 애쓰셨던 권사님 집사님들, 일주일에도 몇 번씩 와서 지선이 손발이 되어주신 이모들 삼촌들, 엄마 아빠를 기꺼이 병원에 빌려준 우리 어린 사촌 동생들, 지선이가 해달라는 거 사달라는 거 해주느라 늘 바빴던, 그러나 언제나 기쁜 맘으로 해주신 우리 선무

당 겸 박쥐 겸 주한외국인 겸 거북이 아빠, 그리고 내 생명의 은인…
나를 살려놓고 누구보다 힘든 시간을 보낸 오까, 나보다 아파했던…
나 대신 마음의 멍을 지닌 엄마….

가장 어려울 때 사랑을 보내주셨던 한 사람 한 사람의 얼굴을 떠올
리고 이름을 불러보면서 깊은 감사와 함께 소망이 가슴속에 피어올
랐습니다.

온몸에 남은 상처, 짧아진 여덟 개의 손가락, 거울 보기 겁나는 얼
굴…. 하지만 10년 후에는 제가 사고 얘기를 하면 "전혀 몰랐어요.
화상 당하셨어요? 이 얼굴이?"라며 사람들이 놀랄 정도로 치유되기
를 소망했습니다. 10년 후에는 말이에요….

그리고 덤으로 사는 인생, 처음부터 버렸던 욕심… 이제 와 주섬주
섬 마음에 담고 불행해지지 않기를 기도드렸습니다.

물론 여전히 많은 치료와 그에 따르는 고통이 또다시 저를 기다리고
있다는 걸 알았지만, 7개월의 병원 생활 동안 정말 귀한 사랑으로 저
를 아껴주신 많은 분들의 고마운 마음을 생각하며 자리에 누웠습니
다. 집에 돌아와 너무나 감격스러웠던 그날 밤, 정말 오랜만에 병원
이 아닌 제 침대에 누워… 그렇게 소원했던 대로 엄마와 같이 나란
히 누워 얼굴을 부비며 잠들 수 있었습니다.

지선아, 사랑해!

이식한 피부는 자꾸만 작아지려는 성질이 있습니다. 그래서 처음 이식했을 때의 모습은 시간이 지날수록 없어져가고 완전히 다른 모습을 갖게 되지요. 퇴원을 하고 집으로 돌아온 건 말할 수 없이 기쁘지만, 살이 당기는, 찢어질 듯한 고통에 아침마다 아무도 모르게 눈물을 삼킬 때가 많았습니다. 저 스스로 '고달픈 나의 인생'이라고 할 정도로… 집으로 돌아와 새로이 이겨내야 할 현실은 제법 힘이 들었습니다. 이식받은 피부가 가려워서 잠도 푹 잘 수 없었습니다. 목과 턱은 완전히 당겨져 내려가서 흘러내리는 침 때문에 입에는 늘 손수건을 물고 다녀야만 했습니다. 입에 들어가는 것보다 흘리는 게 더 많아 밥 먹을 때는 수건을 깔고 먹어야 했고요. 물론 물리치료와 운동도 빼먹을 수 없었습니다. 운동을 게을리 하면 관절과 근육이 굳어버리기 때문이지요. 혹시라도 동생이 손을 못 쓰게 되진 않을까 늘 걱정인 오빠와 매일 싸우고 울며 달래고 애원하기를 반복하면서 운동을 했습니다.

이처럼 현실은 고달프고 힘들지만… 퇴원하기 전까지 겪었던 일들에 비하면 꾹 참고 견딜 만했습니다. 그리고 무엇보다 언제나 제 곁엔 소망을 가지고 바라볼 수 있는 하나님이 계셨습니다.

저의 홈페이지에 사고 나기 전 사진을 많이 올려놓은 것을 보시고 언젠가 어느 분이 속상하지 않느냐고, 옛날 사진 보면서 눈물나지 않느냐고 물으신 적이 있었습니다. 아예 한번도 없었다면 그건 거짓말이겠지요. 하지만 그렇다고 그게 너무 속상해서 예전 사진을 보고 싶지 않다고 생각해본 적도 없습니다. 하나님의 은혜지요.

저도 뭇 여성들과 마찬가지로… 아니 어쩌면 더 공주였을지도 모르겠습니다. 거울 보는 것 좋아하고 화장하는 것도 좋아했습니다. 거울에 비친 제 모습에 스스로 만족하고 도취되곤 했지요. 그러던 어느 날 사고가 제게 찾아왔고 저는 예전에 스스로 만족하던 그 얼굴 전체를 잃었습니다.

예정대로였다면 몸의 피부 이식을 끝낸 뒤, 그러니까 사고 난 후 두 달 정도 지났을 때 얼굴 부분 피부 이식수술을 받고 새 얼굴을 가질 수 있었을 겁니다. 하지만 의료 파업 등 여러 가지 이유로 수술은 기약 없이 미뤄졌고, 하루에 진통제 세 대로 겨우 버텨가며, 하루 네 번씩 피부 없는 얼굴에 피부 대신 덮은 거즈를 걷어내고 새로 바꾸는… 이제는 상상조차 하기 싫은 치료를 받아야 했습니다. 고통스런 진통제를 맞을 때는 마약중독의 의혹까지 받아가며 눈치를 보고 또 보아야 했습니다. 그렇게 7개월이라는 시간이 흘렀습니다. 그리고 2001년 2월, 언제 끝날지 모른 채 계속 뒷걸음질만 치는 것 같은 광야 생활을 끝내고 하나님의 은혜로 좋은 의사 선생님을 만날 수 있었지요. 당시 한강성심병원에 새로 부임한 오석준 원장님이 너무 감사하게도 저의 치료를 맡아주겠다고 하셔서 다시 병원을 옮기고 드디어 얼굴에 피부 이식수술을 받았습니다. 그렇게 해서 2001년 새 봄을 맞아 저는 새 얼굴로 집에 돌아올 수 있던 것입니다. 방에 있던 거울은 이미 치우고 없었습니다. 목을 들 수 없게 되어 거울을 보기조차 힘들었지만 저는 제 얼굴을 보지 않으려고 애를 썼습니다. 하지만 밤이면 방 안의 사물들을 비추어주는 유리창에, 밥을 먹다가 반짝거리는 숟가락에… 문득문득 제 모습이 보이곤 했습니다. 그럴 때마다 오래 생각하지 않으려고, 떠올리지 않으려고 애를 썼습니다. 하지만… 그게 그렇게 애쓴다고 되는 일이겠어요…. 저도 사람이고, 저도 여잔데요….

조금씩… 조금씩… 멀리서나마 거울에 비친 제 모습이 눈에 들어왔습니다. 태어나 처음 보는 얼굴이었습니다. 지금의 이 얼굴은 아무리 못 본 척한다고 해도, 아무리 아니라고 부정을 해도 지워질 수 없는 저 '이지선의 얼굴'이었습니다. 그 얼굴을 저로 인정하고 받아들이는 것이 새롭게 주어진 '덤의 삶'을 제대로 살아나가기 위한 첫번째 숙제였습니다. 처음 보는 제 얼굴에 놀라지 않고 그 어색함을 이기기 위해… 마음과 생각을 지키기 위해… 낯선 저에게 손을 흔들며 인사했습니다. "안녕, 이지선!" 거울 속에 있는 새 지선이도 인사를 했습니다. "지선아, 사랑해"라고….

그렇게 조금씩 더 가까이… 저에게 익숙해지며 새로운 저와 친해져 갔습니다. 물론 가끔씩은 아주 가까이서 뚫어져라 거울을 들여다보기도 했지요. 지갑에는 예전 사진을 넣고 다녔습니다. 지금 이 모습의 저도 지선이고 예전의 지선이도 저니까요.

얼굴 수술을 하지 못해 이 병원 저 병원을 전전했던 그해 겨울… 마치 광야를 거니는 듯한 그 시간들… 저는 그 광야의 의미를 다 알지 못했습니다. 그래서 늘 기도했습니다. 섭섭한 마음에… 제게 광야의 의미를 설명해주시라고 말입니다. 하나님이 저를 고치실 것을 단 한 순간도 의심하지 않았지만 저에게 그 광야를 주신 하나님의 의도는 무엇이었는지 알고 싶었습니다. 나와 함께하셨던 하나님을 다른 사람들에게 온전히 감사한 마음으로 전할 수 있도록, 그리고 제 안의 아주 작은 섭섭한 마음이라도 없앨 수 있도록 제게 알려달라고… 그 안에도 분명 하나님의 뜻이 있으리라 믿고 기도했습니다. 그리고 하나님은 그 기도에 응답해주셨습니다.

"과연 사고 후 석 달 만에 새 얼굴을 갖고 집으로 돌아왔다면… 그렇게 옛날 네 얼굴에 대한 모든 기억이 생생할 그때… 언제나 거울을

보면 당연히 보이던 네 모습이 여전히 머리에 남아 있을 그때… 너무나 달라진 네 얼굴을 거울 속에서 보게 된다면 지금처럼 평안할 수 있었겠니? 감사할 수 있었겠니?"

7개월의 광야 생활 동안 하나님은 예전의 저를 완전히 지울 수 있게 하신 것입니다. 머릿속에서 지울 수 있었을 뿐 아니라 마음으로도 말입니다. '이제 이 고통만 없어진다면… 어떤 얼굴이든지 감사해'라는 고백을 자연스레 할 수 있게 하셨습니다.

광야에서 훈련받지 못했다면… 이 모습으로라도 살게 하시는 하나님의 뜻을 알려고 하기보다는 원망부터 앞세우며 "하나님 왜요?"라는 질문만 퍼부었을 나약한 저 자신만 남아 있었을 겁니다. 길고 길었던 광야에서의 시간은 제 덤의 삶을 원망이 아닌 감사와 기쁨으로 채울 수 있도록 하신 하나님의 깊은 뜻이었습니다.

지금은 모든 섭섭함을 떨쳐내버렸습니다. 감사할 수밖에 없게 하시는, 제게 늘 감사의 조건과 환경을 허락하시는, 그 무엇보다도 누구보다도 제 영혼을 사랑해주시는 하나님을 찬양합니다. 이런 모습이라도, 지금 모습으로도, 행복한 지선이일 수밖에 없게 하시는 하나님을 찬양합니다. 이전보다 더욱 사랑합니다….

저 살맛 납니다, 하하

저 코 나왔어요!

2001년 1월 5일은 정말 잊을 수 없는 날입니다. 제 코가 다시 나온 날이었거든요! 코만이 아니었습니다. 이마도 나왔고 귀 옆의 왼쪽 볼 반쪽도 나왔습니다. 사고 후 거즈에 가려 빛을 보지 못했던 얼굴이 하나님이 주신 새 피부를 덮고 세상 밖으로 당당히 나온 것입니다. 만져도 안 아픈 진짜 피부였습니다. 헤헤… 그 전날 밤 치료를 하고, 피부가 생성된 부분은 열어놓았더랬습니다. 12월부터 이마 위쪽이 조금씩 가렵기에 피부가 나오는 것 아니냐고 했더니 치료하는 레지던트들은 피부가 아니라고, 그게 만약 피부라면 정말 기적이라고만 했었는데… 정말 신기하게도 제 얼굴에서 새 살이 나오고 있었던 겁니다.

엄마랑 아빠랑 보시고 정말 흥분하셨지요… 너무 좋아서… 이제야 지선이 같다고, 몇 달 만에 지선이 얼굴을 본다고, 보고 또 보고… 감사하고 감탄하고….

산책 나갔다 오는 길에 아빠가 기분이 좋아 간호사 언니한테 "지선이 코 나왔어요." 하니까 간호사언니가 "네? 콧물이 나왔어요?" 하더랍니다. 헤헤… 보통 콧물 나는 걸 코 나왔다고 하잖아요. 재밌었지요.

사실 그 전날 낮까지 저는 나쁜 생각, 못된 생각을 하고 있었습니다. 이때까지 소망이라 생각했던 것이 사실은 아무것도 모르고, 현실은 하나도 바라보지 못한 채 품었던 바보 같은 헛된 꿈처럼 느껴지기도 하고, 점점 사람들에게 짐이 되는 것 같고, 부담이 되는 것 같고, 그렇게 여러 사람 발목을 잡고 있는 것 같았지요. 그래서 잠시 소망을 잃어버리고 못된 생각을 하고 있었는데….

그렇게 정말 기적처럼 새 살이 돋아나오는 걸 보니… 하나님이 이런 모습으로 지선이를 살리신 이유가 있을 거라는 생각이 들었습니다. 이런 상황 속에서도 전혀 외롭지 않게 언제나 하나님의 사랑을 보이시는 이유가 있을 거라고, 엉망이 된 몸에 하나님의 능력과 기적을 보이시는 이유가 있을 거라고… 저의 마음과 생각이 바뀌면서 어느새 제 입에서는 하나님을 향한 찬양이 흘러나왔습니다.

눈썹

기적은 거기서 끝나지 않았습니다. 사고 난 지 8개월 만에 저는 입을 다물 수도 있게 되었습니다. 입을 다무는 일은 누구나 아무렇지 않게 할 수 있는 일이지만 저는 사고 후에 목에 이식한 피부가 자꾸만 당겨져서 입이 벌어져 급기야 침을 질질, 아니 마치 수도꼭지처럼 쏟아내곤 했었는데… 코에 새 살이 나오기 시작한 뒤 세 달쯤 지났을 무렵의 어느 날 밤 갑자기 입이 다물어졌던 것입니다. 그동안 순음, 그러니까 입술을 다물어야 발음할 수 있는 'ㅂ'이나 'ㅁ' 같은 발음을 제대로 못 해 늘 오빠를 '오까'라고 불렀었는데… 이제 오빠 소리도 할 수 있게 되었습니다. 아주 자연스럽지는 않지만 힘을 주면 입을 다물 수도 있었습니다. 케이크에 꽂힌 촛불도 입술을 모아 '후' 불어 끌 수 있었습니다. 자꾸만 줄어드는 이식 피부의 성질까지 뒤바꾸신 하나님께 감사!

또 있습니다. 갑자기 입이 다물어졌던 그날 밤 제가 누워 있는데 오빠가 제 얼굴에서 무언가를 발견했습니다. 무엇이었을까요? 오, 놀라워라! 그것은 눈썹이었습니다! 딱딱한 이식 피부를 뚫고 눈썹이 자라났던 것입니다. 몇 가닥 되지 않지만 그건 분명 이식한 피부가 제 얼굴 속살과 아주 잘 붙었다는 증거였지요. 하나님이 보여주신 또 하나의 기적이었습니다.

이식한 피부는 아주•오랜 시간이 지나야 땀샘이 생기고, 그러고 나서도 땀이 나야만 제 피부처럼 정상이 된다고 하는데… 저는 한 달만에 눈썹이 자랐던 것입니다. 언젠가 엄마가 눈썹을 만들려면 뒷머리 모근을 잘라내 수술해야 한다고 하시기에 제가 "피부도 주시는 하나님이 눈썹 안 주실까."라고 대답한 적이 있었습니다. 그런데 정말 그렇게 눈썹이 나왔습니다.

저희 가족은 그날 밤에 너무 좋아서 주무시던 아빠를 깨워 함께 감사기도를 드렸습니다. 입도 다물 수 있으니 엄마와 뽀뽀도 하고 말이죠.

하나님은 제가 낙심하여 울 때도 일하고 계셨습니다. 정말 좋으신… 참 좋으신 하나님입니다.

참 살맛이 났습니다. 한동안 온몸 여기저기가 가려워서 잠을 잘 못자서 피부과 약을 먹어야만 잠들곤 했었는데 그 무렵부터 약이 없어도 별로 가렵지 않고 단잠과 함께 상쾌한 아침을 맞이할 수 있었습니다. 피부가 당기는 현상도 훨씬 줄어들었고요. 재활운동도 아주 잘되고 열심히 한 만큼 효과가 나타나 물리치료실에서 운동하며 엄마랑 늘 신이 났습니다. 물리치료사 선생님도 칭찬을 아끼지 않으셨지요.

아무튼 아주 감사한 일뿐이었습니다. 그리고 자꾸 기대가 되었습니다. 하나님께서 또 무슨 좋은 것을 주실까… 이젠 불에 조금 녹은 오른쪽 귓바퀴가 자라날까? 후후….

작업치료실에서 생긴 일

그해 5월 어느 날 작업치료실에서 열심히 작업을 하고 있을 때였습니다. 작업치료실에서 늘 만나는 분들과 앉아 작업을 하고 있었죠. 다들 서로 이야기도 나누고 그러시는데 저의 새침함과 도도함은 온몸이 다 타버려도 없어지질 않더군요. 호호…. 저는 늘 입 꾹 다물고 언제나 그냥 작업만 했습니다. 그래서 저는 늘 작업치료실 분들에게 미지의 인물로 남아 있었죠.

그런데… 그날도 말없이 뜨개질 작업을 하던 중… 앞에 앉아 계신 할아버지께서 저를 보며 한마디 하셨습니다.

"이 아줌씨는 많이 좋아졌어…."

아…! 아줌씨…! 말없이 앉아 있던 저는 '아줌씨'였던 것입니다! 도도하게 보일 줄로만 알았던 저는 '아줌씨'였던 것입니다! 흑흑흑….

아싸라비아

여전히 예전의 모습이라고는 찾아볼 수 없고, 또 나이도 성별도 알아보기 어려운 그런 얼굴이었지만 2001년 5월은 저에겐 행복한 나날이었습니다. 왜냐고요? 그즈음엔 물리치료실이나 작업치료실 갔다 오면 힘들기보다는 기쁨이 넘쳐났기 때문입니다. 물리치료사 선생님은 제가 너무 좋아졌다고 하산해도 되겠다고 하셨습니다. 그렇다고 진짜 운동을 안 해도 된다는 말은 아니었고요. 작업치료실 선생님도 엄마에게 "지선 씨가 놀랍게 좋아진다."고 하셨답니다.

그래요. 하나님이 하시는 일은 정말 놀라웠습니다. 제 힘으로는 꿈쩍도 안 하던 손가락들이 자유로워졌습니다. 작업치료실에서 대근육(어깨나 팔) 운동뿐만 아니라 소근육 운동도 할 수 있게 되었습니다. 끈 묶기나 뜨개질 같은 거 말이에요. 대근육, 소근육…. 그러고 보니 이거 유아교육과에서 배운 거네요. 재활이나 특수교육, 유아교육은 비슷한 부분이 많은 것 같아요. 약자를 위한 교육, 처음 시작하는 이들을 위한 교육이고 스스로 자립할 수 있도록 도와주는 교육이라 그런지 서로 공통분모가 있는 것 같습니다.

아무튼 '아싸라비아'였습니다. 그때부터 저는 혼자서 조끼도 입고, 혼자서 바지도 입게 된 것입니다! 그리고 그렇게 하나씩 하나씩 혼자 힘으로 해나가다 보면 머지않아 엄마 고생도 덜어드리고 미국으로 훌훌 공부하러 갈 날도 올 거라 생각했습니다. 그리고 이제는… 그때 속으로만 품었던 생각과 바람이 정말 신기하게도 제 눈앞에 진짜 현실로 펼쳐지고 있습니다.

저의 '아싸라비아'는 아직도 진행 중입니다. 계속 지켜봐주세요. '아싸라비아 100탄'까지요….

My Schedule

　　7개월의 병원 생활에서 벗어나 한창 '살맛'을 찾아가는 동안에도 저는 이처럼 꾸준히 병원에 다니며 계속 치료를 받고 있었습니다. 그럼 여기서 당시 제 생활의 단면을 잠깐 보여드릴까요? 음… 2001년 4월 셋째 주를 저는 이렇게 보내고 있었답니다.

월요일 〉〉〉

물리치료를 받고 재활운동을 하러 1시까지 한강성심병원에 갑니다. 병원에 도착하면 우선 당기는 피부가 조금 유연해지도록 30분간 적외선을 쏘입니다. 그 다음에는 작업치료실에서 '작업' 들어갑니다. 여기서 이지선은 1등으로 열심히 합니다. 그러고 나면 물리치료실로 가서 팔과 손목 운동을 합니다. 운동을 하다 보면 물리치료사 선생님이 절 부르지요. 가서 선생님과 도란도란 얘기하면서 (선생님은 중환자실에 있을 때부터 저의 물리치료를 해주셨죠.) 손가락 꺾고, 손목 꺾고, 만세 하고, 목운동까지 하면 끝납니다. 이때쯤 그만 하고 싶지만 엄마의 소원에 따라 운동 한 번 더 합니다. 러닝머신도 뛰고 말이죠. 더워서 미칩니다. 엄마가 싸온 생과일 주스를 마시고 이제 병원을 떠납니다.

집에 와서는 낮잠을 자든가 인터넷 서핑을 하든가 텔레비전을 봅니다. 그리고 엄마랑 오소리 기름이나 마데카솔, 에뮤오일, 스쿠알렌 등을 바릅니다. 저녁 먹고 좀 있으면 '선무당' 물리치료사 오까가 나타납니다. 헉, 적외선 미리 안 쪼이고 있었다고 뭐라 합니다. 저도 참 말 안 듣습니다. 불러도 안 오고… 오까 속 터집니다. 오까랑 아프게 운동, 아니 스트레칭 합니다. 오까는 만날 엉뚱한 데를 꽉 잡고 해서 제가 만날 성질냅니다. 그러다가 제가 막 졸라서 운동을 끝냅니다. 그리고 나서 흉터 없애는 데 잘 듣는다는 '시카케어 cica-care'를 온 팔에 두르고 붕대로 감습니다. 실리콘 비슷하게 생긴 건데 지하철에 광고가 많이 붙어 있다는군요. 아무튼 붕대를 감을 때마다 오까는 '들어, 들어! 쫙 펴! 주먹 쥐고! 손목 젖히고!'라고 합니다. 저… 팔 떨어집니다. 눈 아래에도 시카케어 붙이고 '액션가면'(얼굴에 피부 이식한 부분이 우둘두둘 일어나지 않게 꽉 눌러주기 위한 마스크의 애칭)을 씁니다. 윽….

이 일을 끝내고 나면 온 식구가 엄마 방에 모여 놉니다. 아빠는 일찌감치 주무셨다가 밤 12시쯤 일어나셔서 저 가려운 데 만져주시고 가끔 재롱도 부리십니다. 요즘은 좀 지나치셔서 외계인이 우리 아빠 대신 와 있는 거 아닌가 의심이 갑니다. 느림보 거북 양반이 스피드 거북이가 된 것도 의심스럽고요. 헤헤…. 아무튼 아빠 놀려먹고 떠들며 놀다가 3시가 다 되면 엄마의 결정에 따라 흩어져 잡니다. 전 엄마랑 같이 자고요.

화요일)))
병원에 안 가는 날이라 11시쯤 잠깐 일어나 생식 먹고 안 깨우면 2시까지도 잡니다. 일어나서는 밥 먹고 인터넷 서핑 하다가 하남에 있는 장로님 댁에 기도 받으러 갑니다. 장로님 댁에서 권사님이 하시는 얘기를 듣고 있노라면 나오기가 싫어집니다. 아무리 몸이 안 좋은 날도 장로님 댁만 다녀오면 가뿐해지거든요. 장로님과 권사님 두 분은 생활 자체에 '하나님 우선'이 배어 있습니다. 정말이지, 두 분을 뵙고 있노라면 하나님께서 너무 사랑하셔서 귀한 능력을 안 주시고는 못 배기셨을 거란 생각이 듭니다.

수요일 〉〉〉

일찍 병원에 가는 날입니다. 성형외과 가서 원장 선생님께 얼굴 잠깐 보여드리고 재활의학과 가서 호르몬 주사 맞습니다. 저는 덧살이 거의 안 나온 편이지만 그래도 조금 나온 덧살들 들어가라고 그 자리에 주사를 맞습니다. 하나도 안 아픈 주사인데 왜 이렇게 맞기가 싫은지…. 엄마랑 점심 사먹고 월요일처럼 운동을 합니다. 운동이 끝나면 또 하남 장로님 댁으로 향하지요.

목요일 〉〉〉

제가 유일하게 쉬는 날입니다. 자고 싶을 때까지 자고 인터넷 서핑합니다. 보통 이날에 손님들이 오셔서 얘기도 나누고 예배를 드립니다. 7시쯤에는 시온성가대 목요 모임에 갑니다. 잘들 하고 계신가 시찰하러 가는 거죠. 후후…. 10시에 엄마를 만나 집으로 돌아옵니다.

금요일 〉〉〉

병원 가는 날입니다. 운동하고 하남에 가서 기도 받고 집에 와 저녁 먹고, 몸 컨디션 좋으면 금요 철야기도회도 갑니다.

토요일 〉〉〉

1시쯤 하남에 기도 받으러 갔다 오면 스케줄 끝입니다. 친구들이 놀러오거나 재밌는 텔레비전도 봅니다. 저녁때 이모나 삼촌들 오시면 같이 저녁 먹고 그사이 얼마나 좋아졌나 보며 서로 놀라고 감사해합니다.

주일)))

10시 예배에 갑니다. 끝나고 나와서 목사님께 기도 받고 성가대 식구들이랑 인사도 하고 전도사님, 부목사님들한테 또 기도 받습니다.

정작 기도는 언제 했냐고요? 헤헤…. 차타고 오가는 시간이 많잖아요. 차 안에서 하거나 밤에 잠자리에 들며 기도했지요. 제가 기도도 많이 하고 말씀도 더 잘 볼 수 있게 해달라는 기도도 늘 잊지 않았답니다.

다시 생일을 맞이하면서

전과는 다른 감사

2001년 5월 24일. 제겐 없었을지도 모르는 스물세번째 생일을 맞이하면서 전과는 다른 감사가 있었습니다.

하늘이 노랗게 보이는 고통을 견디며 나를 낳아주시고 또다시 24년 만에 뼈와 살이 다 녹아내리는 고통 가운데 1년을 보내셨던 우리 엄마. 늘 같은 모습으로 그 자리를 지켜주시고 가장 힘든 순간에도 언제나 여유를 잃지 않으셔서 지선이가 요동하지 않을 수 있도록 지켜주셨던 우리 아빠. 동생에 대한 애달픈 마음에 동생에게 온 정성을 쏟아부은 우리 오까. 내 딸처럼 맘 아파하시고 기도해주셨던 이모 삼촌들, 권사님 집사님들. 또 늘 믿음을 붙잡아주신 목사님과 전도 사님들. 지선이가 외롭지 않게 함께해주며 예전보다 더 즐거운 시간을 보내게 해주었던 친구들….

그리고 우리 하나님… 내게 생명 주셔서 다시 사는 기쁨을 맛보게 해주신 주님, 살아 계신 나의 아버지. 아플 때, 외로울 때, 공포와 두려움에 떨고 있을 때, 심심할 때, 괴로울 때, 눈물 날 때… 언제나 나를 위로하시고 안아주시고 감싸주시고 눈물 닦아주시는 나의 주님… 하나님, 감사해요. 저 너무나 행복한 생일을 다시 맞았어요… 하나님.

저는 정말 행복했습니다.

그 후로도 해마다 생일이면 저는 늘 기대합니다. 하나님이 '이번 생일엔 나에게 무슨 깜짝 선물을 주실까?' 하고요. 저는 정말 하나님 때문에… 하나님 덕분에 삽니다. 그런 하나님을 사랑합니다.

꼬리에 꼬리를 무는 생일 축하

5월 24일 0시. '오이 사세요'의 날이 밝기가 무섭게 오까가 김성재의 '생일'이란 노래를 배경으로 촛불을 들고 방으로 들어왔습니다. 예쁜 모자 선물도 받고 감동적인 카드도 받고 엄마랑 아빠랑 사진도 찍었지요. 그리고 계속해서 밀려드는 축하 문자메시지도 받고, 주바라기에 올라오는 축하 글도 읽고, 아주아주 행복하게 생일이 시작되었습니다.

낮 12시. 사촌 동생 재민이와 이모들이 오셨습니다. 재민이 녀석, 기특하게 약도 발라주고 청소도 해줬습니다. 식사 기도 시켰더니만 준비가 안 됐다면서 눈 감고 마냥 기다리게 했지요. 그 바람에 국도 다 식었습니다. 통아저씨 게임도 하고 선물도 받고 제가 제일 좋아하는 '금일봉'도 받았습니다. 히히…. 그리고 미국서 친구가 보내준 CD도 받았습니다. 날짜에 딱 맞춰 보내다니… 역시 녀석은 꾼이었습니다.

저녁 7시. 깜짝 파티를 열어준다던 친구들이 도착했지요. 하이테크와 야마다꾼만 왔습니다. 그리고 8시 지선뿌냐, 9시 쌍크미, 10시 깡주연까지… 정말 깜짝 놀랐습니다. 그렇게 늦게 올 줄이야….

밤 10시. 진짜 깜짝 파티를 준비하기 위해선지 친구들이 저를 방으로 들어가라고 했습니다. 못 이기는 척 들어왔지요. 그리고 한참 후 나오라는 소리에 문을 열고 나갔더니… 촛불을 꽂은 케이크를 들고 고깔모자를 쓰고 모두 방 앞에 서 있었습니다. 노래를 부르고, 가족들이랑 사진 찍고, 친구들이랑 사진 찍고, 그러는 사이 초가 다 타버려서 케이크를 다 녹이고, 그거 끄느라 케이크에 침 다 튀기고, 재 날리고… 정말 난리도 아니었지만 정말 감동했습니다. 온 벽을 뒤덮은 풍선이며 선물들, 'God loves you'라고 쓴 플래카드까지… 완전 감동했지요. 독일에서 친구 창옥이가 전화도 하고…. 새벽 1시까지 신나는 게임(콧바람으로 촛불 끄기, '우리 만수가유' 게임, 떡 게임, 통아저씨 노름 등등)을 하고, 촛불 켜놓고 진실 게임도 하고, 나중엔 감

동스런 눈물의 사랑 고백까지 했습니다. 또 우정을 가장한 충성 맹세도 잊지 않았지요. 정말 좋은 녀석들입니다. 사고로 인해 잃은 것도 많지만 얻은 것도 많습니다. 정말 행복하고 즐거운 밤이었습니다.

25일 낮 1시. 전날 너무 재밌게 논 탓인지 피곤해서 병원에 가지 말자고 그렇게 졸랐건만 엄마는 결국 저를 병원에 데려가셨습니다. 그런데… 글쎄 작업치료실 선생님이 그날 안 나오셨던 것입니다. "거봐. 오지 말자고 했잖아. 왠지 오기 싫더라니…." 하나님이 제게 생일 선물로 신통력을 주셨던 걸까요?

저녁 6시. 여러 목사님들과 식사할 기회가 있었습니다. 아, 그런데 아빠가 그만 그 전날이 제 생일이었던 것을 말해버리셔서 또 생일 파티를 했습니다. 사실 좋았습니다. '오이 사세요' 얘기를 했더니 목사님이 당신 생신은 5월 28일이라면서 "그럼 나는 뭐라고 할까?" 하시기에 "'오이 팔아요' 하시면 되죠." 했습니다. 오호호…. 여러 분들께 축복받고 축하받는 좋은 시간이었습니다.

밤 11시. 철야 예배를 드리고 나왔습니다. 얼굴도 모르는 분들이 제 등을 두드리시고 손을 잡으시며 저를 위해 기도하고 있다고 격려의 말씀을 해주셨습니다. 기도하고 있다는 말은 정말 빈말로 못하는 건데… 참 감사했습니다. 전 정말 사랑받기 위해 태어난 사람인가 봅니다. 정말 받기만 합니다. 언젠가 저도 나누어줄 수 있는 날이 오겠지요.

26일 오후 2시. 대학 친구들이 생일을 축하해주러 왔습니다. 후후….
연장 3일째 축하였습니다. 약속을 잊지 않고 와주었던 친구들이 고
마웠습니다.

밤 10시. 홈페이지 방명록에 무수히 올라온 축하 글들을 보며 행복
에 젖어 있다가… '그런데 이 많은 답글은 언제 다 달지?' 하는 생각
에 눈앞이 깜깜해졌습니다. 그래도 전 참 행복했습니다.

천번 만번

어느 날 엄마와 자기 전에 이런저런 이야기를 하다가 장애인 주차 구역에 대한 얘기가 나왔습니다. 우리 아파트 주차장만 해도 장애인 차량이 아니면서 아무런 생각 없이 장애인 주차 구역에 차를 세우는 사람들이 많이 있습니다.

"그렇게 장애인 자리에 주차할 거면 자기네가 장애인 하라고 하자. 나는 딴 자리에 대고 장애인인 것만 바꾸자고 하는 거야."라고 엄마한테 말했습니다.

바꾸는 얘기가 나와서 제가 엄마에게 물었습니다.

"엄마, 나랑 엄마랑 바꿀 수 있다고 하면… 만약에 말이야… 그럼 엄마는 바꿀 수 있어?"

"그럼, 주지, 전신마취만 하면 되는데…."

원래 남의 피부를 이식하는 것은 불가능하지만 엄마는 이식할 피부를 달라는 소린 줄 알고 그렇게 대답했습니다.

"아니… 그런 거 말고 완전히 바꾸는 거 말이야…."

"그럼, 지선아, 천번 만번 바꾸지… 할 수만 있는 거라면, 천번이고 만번이고 바꿀 수 있어."

더 이상 말을 이을 수가 없었습니다. 눈물이 나서… 더 이상 말을 할 수 없어서… 그냥 그렇게 돌아누워 엄마의 사랑에 감사할 수밖에 없었습니다.

막강 화상 1등

저의 화상은 막강 1등입니다. 심한 화상 환자가 많은 한강성심병원에서도 주변을 둘러보면 저만한 사람이 없었습니다. 대개 얼굴은 다치지 않는데 저는 사고가 났을 때 기절을 하는 바람에 얼굴이 홀랑 다 타는데도 모르고 있었던 겁니다. 얼굴을 다친 몇몇 사람들을 만나도 대부분 눈이나 코 정도는 남아 있습니다. 저는 눈꺼풀까지 새로 만들었으니, 누구와 비교할 것도 없습니다.

수년 전 당한 사고로 저만큼 얼굴을 다친 아주머니를 만난 적이 있습니다. 얼굴에는 심한 화상 흔적이 남아 있지만 손이나 목은 깨끗했습니다. 작업치료실의 많은 환자들 중에서 손가락도 절단한 사람은 드뭅니다.

'다친 곳이 손이 아니라 발이었다면 어땠을까' 하는 생각을 한 적이 있습니다. '잘라낸 것이 발가락이었다면 어땠을까…. 엄마가 나를 업고 다녀야 할 테니까 엄마가 되게 힘들었겠다.' 생각하고 이내 마음을 돌렸었는데… 발을 심하게 다친 환자가 아주 잘 걷는 것을 보았습니다. 별 문제가 없어 보입니다. 사실 걷는 데는 아무 문제가 없는 것 같았습니다.

저는 1등을 먹은 것입니다. 학교 다니면서 1등이란 건 해본 적이 없는데, 좋지도 않은 걸로 1등을 해버렸습니다. 그런데 1등일 수밖에 없습니다. 저보다 많이 다친 사람은 이미 중환자실에서 다 세상을 떠났으니까요. 목숨을 잃는 것과 비교할 수는 없지만 여하튼 1등입니다.

언젠가 엄마가 저를 맡기고 하루 여행을 다녀오신 적이 있었습니다. 그날… 밤 저는 조금 울었습니다. 이렇게 말하면 엄마나 같이 갔던 권사님들, 정성을 다해 저를 보살펴준 이모한테 미안하지만… 사실 조금 울었습니다.

끈 떨어진 한 마리 강아지처럼 여기저기 맡겨지는, 엄마가 없는 밤은 이상했습니다. 사고 나고 한번도 떨어져 있은 적이 없어서 그랬나 봅니다. 다섯 살 때 식구들은 모두 설악산으로 여행을 가고 혼자서 할머니 댁에 맡겨져 있던 때처럼… 스물넷이나 먹은 처자가 그런 어린애 같은 생각을 했던 건 철없는 짓이었을까요?

그 다음날 엄마가 저를 데리러 온 차를 타고 집으로 가는 동안 배가 고파서 뒷자리에 앉아 혼자 치킨을 먹었습니다. 불편한 손으로, 게다가 잘 벌어지지도 않는 입으로 뜯어먹자니 그 모습이 마치 벌레 같다는 생각이 잠깐 들었습니다.

그날 저녁 텔레비전을 보고 있는데 조금 속이 상했습니다. 제가 다니던 대학교 교정이 나왔습니다. 초여름의 싱그러움 그대로 예쁜 여대생들이 햇살 아래 앉아 이야기를 나누고 있었습니다. 그리고 저는 학교가 아닌 집에 누워 있었습니다.

저는 그때도 '나'를 다 비워내지 못했었나 봅니다. 나를 다 비워내고 하나님의 것으로 다 채우라고 하셨는데 차마 다 비우지 못했던 모양입니다. 그래야 행복해질 수 있는데… 이제 내게 행복은 세상 것이 아닌 천국의 것이라고 화상 상처들이 말해주고 있었는데… 저는 마음을 온전히 비우지 못했던 것입니다.

엄마 아빠
사랑해요 꿈

'채우소서 채우소서 나의 하나님 새롭게 하소서. 하나님⋯ 막강 화상 1등이지만⋯ 그래도 하나님이 1등으로 사랑한다고 다시 말씀해주세요. 지선이 머리가 나빠서 잊어먹고 바보같이 굴고 있어요. 하나님 채워주세요. 하나님의 것으로, 온전히 하나님의 것으로 저를 채워주세요.'

쇼핑

    그로부터 며칠 뒤 물리치료를 끝내고 병원 앞에 있는 편의점에 갔었습니다. 비도 그쳤고 햇빛도 쨍쨍 내리쬐지 않아서 쇼핑을 나서기엔 아주 좋은 날씨였습니다. 항상 저는 차에 남아 있고 엄마만 슈퍼마켓에 다녀오셨는데 그날은 저도 오랜만에 가게에 들어갔습니다.

오랜만에 보는 많은 물건들… 새로 나온 물건들… 없는 게 없는 편의점 진열대…. 서울 구경 나온 시골 사람처럼 이리저리 온 편의점 안을 돌아다니며 구경했습니다. 오랜만의 쇼핑이라 그런지 모든 게 신기하고 사고 싶은 것도 많았습니다.

우선 처음 보는 보리차 음료수를 하나 사고, 화장실에 뿌리는 향기 스프레이도 하나 샀습니다. 책이 꽂혀 있는 진열대에서는 전에 자주 보던 《페이퍼》라는 잡지도 찾아보았습니다. 그날은 햇빛을 피해 다니지 않아도 되어서 참 좋았고, 덥지 않아 좋은 날이었습니다.

편의점을 나서면서 석 달 전의 일이 떠올랐습니다. 퇴원하기 며칠 전 밤에도 오까와 함께 그 편의점에 갔었지요. 중환자실과 병실에서 말로만 전해듣던 그 편의점. 오까가 사다준 키티 인형도 거기서 왔고, 제가 좋아하던 알로에 농장도 늘 거기서 사온 것이었습니다. 그날은 7개월 만에 처음 들어가보는 것이었죠. 상처가 다 아물지도 않았지만 저는 이미 그 가게가 익숙한 오빠의 가이드를 받아가며 여기저기 구경했었습니다. 알록달록한 물건들의 색깔이 신기하기만 했습니다. 그날 음료수를 한 병 사고, 먹지도 않을 멘토스를 하나 샀습니다. 병실까지 다 오지도 못해 로비에서 한 차례 쉬고 돌아왔었지만… 그날도 역시 참 즐거운 나들이였지요.

편의점을 뒤로하고 엄마 차에 오르면서 다시 몇 개월 후의 어느 날을 그려보았습니다. 자연스럽게 혼자 가게에 들어가 냉장고 문도 혼자 열고 지갑에서 돈을 꺼내어 계산도 하는 뿌듯한 쇼핑…. 가게 문을 나서면서는 '지난 6월에는 내가 여기를 혼자서는 못 왔었지….' 하고 생각할 날을 말입니다.

그렇게 점점 더 나아지는 모습에 감사할 날들을 지금도 여전히 그려 봅니다.

병원에서 쓰는 일기

2001년 7월에 저는 다시 병원에 입원해 두 차례의 수술을 더 받았습니다. 일곱번째 수술과 여덟번째 수술이지요. 그때 써두었던 일기 중에 몇 편을 그대로 옮겨봅니다.

2001년 7월 11일, 날씨 모르겠음.

7월 5일, 일곱번째 수술을 무사히 마치고 계속 병원에 있다. 아마 40일 정도는 입원해 있을 것 같다. 이번 수술은 어깨와 만나는 목 부분부터 아랫입술 밑까지의 부분에 굳어진 피부를 걷어내고 인조피부를 이식하는 것이었다. 사실 자기 피부를 두껍게 이식하는 게 가장 좋지만 내 경우 그럴 만한 피부가 없기 때문에 일단 인조피부를 이식한 후 3주 정도 경과를 보다가 추가 수술을 하기로 했다.

오늘은 원장 선생님이 회진을 오신 걸 알고 잠이 깼는데도 생각해보니 별로 할 일이 없어 그냥 계속 잠을 잤다. 자다가 비몽사몽 중에 엄마가 주시는 생식을 먹고 있는데 오까가 잠깐 왔다 갔다. 오까는 나의 아침식사로 나온 밥을 혼자 후딱 먹고 학교에 갔다.

오늘 오전엔 참 심심했다. 여기저기 전화를 걸어 홈페이지 글의 영어 번역은 잘 되어가는지 독촉도 해보고 사람 없는 친구 집에 메시지도 남겼다. 그렇게 라면을 달라는데도 안 주시는 엄마… 죽을 조금만 먹으면 뭘 먹든 상관을 안 하시겠다더니…. 하지만 결국 난 오늘 라면을 먹지 못했다. 오늘도 4일 연속 치킨을 먹었다. 다행히 아무리 먹어도 질리지 않는 그 맛이란… 음….

먹고 기운 차리고 작업치료실에 놀러갔다. 오랜만에 만나는 선생님과 반갑게 인사를 나누고 준비해간 작은 마음의 선물도 드렸다. 너무 좋아하셔서 나도 기뻤다. 나온 김에 옛날에 중환자실에서 같이 있었던 준희네 병실에도 가보았다. 갠 어찌나 바쁜지 갈 때마다 없다.

그러고 나서 엘리베이터를 탔는데 굉장히 재미있는 일이 있었다. 어떤 50대 후반의 아주머니께서 나를 보자마자 연신 "와 이라노… 와 이라노…."라고 하시는 것이었다. 표준어로 풀어보자면 "왜 그럴까… 왜 그럴까…."겠지. 엄마와 내가 "홀랑 탔어요."라고 했는데도 들으셨는지 마셨는지 계속 "와 이라노… 와 이라노…."만 반복하셨다. 불의 위력이 얼마나 대단한 것인지 모르시는 것 같았다.

병원을 돌아다니다 보면 화상 환자들을 많이 만나게 된다. 빨간 얼굴, 검은 피부, 울퉁불퉁한 살들…. 그 사람들도 나를 쳐다보고 나도 그 사람들을 쳐다본다. 내 속에 있는 들보는 보지 못하고 남의 티를 보는 것일까? 엄마는 내 피부가 다른 사람들보다 깨끗하다고 하시지만, 그래도 그런 이들을 똑바로 쳐다보지 못하는 내가 이상하기도 하고 부끄럽기도 하고 또 우습기도 하다.

병실로 돌아와 목사님 그리고 전도사님 세 분과 함께 예배를 드렸다. 예배를 마치자 '드글드글 쾅쾅' 치료 카트가 들어온다. 옛날에는 치료하러 오는 그 소리가 너무 겁나서 치료할 시간이 되면 귀를 쫑긋 세우고 두려움에 떨던 때가 있었는데, 이제는 제법 여유롭게 의사 선생님들을 맞는다. 오늘은 원장 선생님도 오셨다. 입가에 조금 번진 염증은 깨끗이 소독하고 정리했으니 별 문제가 없을 거라고 하신다. 피부를 고정하기 위해 박아놓았던 스테이플러(일명 호치키스)를 최소한의 숫자만 남기고 모두 뽑았다. 특히 입술에 박혀 있는 스테이플러를 뽑을 때는 정말 짜증이 날 만큼 아팠다. 물론 순간이긴 했지만…. 그러고 보니 왜 하나님이 뽀뽀를 입술로 하게 하셨는지 알 것 같다. 입술에는 엄청난 감각과 신경이 몰려 있기 때문이다.

병원에 있으면서 터득하게 된 진리라면 진리라는 것이 몇 가지 있는데 그중 하나가 바로 손님은 몰려서 온다는 것이다. 며칠 동안 그렇게 심심하더니만 오가 친구 상호 오빠, 준희네 식구, 또 어제 절교장을 보냈던 친구들 야마다꾼과 하이테크, 거기에 김난옥 권사님과 이현숙 권사님까지… 조금의 시간차를 두고 계속해서 나를 공격해왔다. 크크크…. 완구 회사를 경영하시는 김난옥 권사님께서 아주 좋은 선물을 가져오셨다. 사촌 동생 지미가 그려준 주바라기 캐릭터를 인형으로 만들어주신 거다. 너무너무 좋아서 인형과 함께 사진도 여러 장 찍었다. 아, 도래하는가 주바라기 쇼핑몰시대… 헤헤헤….

친구들과 먹고 떠들고 웃고 장난치며 재밌는 시간을 보냈다. 그리고 아빠가 출력해서 갖다주신 홈페이지에 올라온 글들을 읽으며, 아니 친구가 변사처럼 각각 다르게 읽어주는 글들을 들으며 이렇게 많은 분들이 그리고 나를 모르는 분들까지 나를 위해 기도해주시고 응원해주신다는 사실에 놀랍고 황송하기까지 했다. 아무튼 그렇게 즐거운 하루가 지나갔다.

아, 집에 가고 싶다.

2001년 7월 25일. 덤빌 테면 덤벼봐….
한여름에 붕대로 목도리를 하고 스티로폼 보조기까지 차고 있어서 완전 단열 보온 효과에 땀구멍도 없는 이지선은 열이 콱콱 연기가 풀풀 난다. 그런데 같이 있는 환자들은 에어컨 바람이 싫은지 잘 켜지도 않고 에어컨을 틀면 창문을 열곤 한다. 그래서 결국 내가 오늘 병실을 옮겼다.

나는 지금 노인센터 903호에 있다. 어깨 탈골로 인한 수술을 받고 입원 중인 탤런트 차태현 씨와 같은 층에 있다. 크크크…. 아직 직접 보지는 못했다. 차태현 씨를 만나면 "어훙" 하고 놀래줘야 하는데… 아니면 나름대로 귀여운 얼굴로 사랑의 총알이라도 쏴줘야 하는데….

사실 차태현 씨의 인기가 그다지 부럽지는 않다. 얼마 전에는 나 역시 전화로 기자분들과 인터뷰를 했고, 알지 못했던 분들에게 편지와 선물도 받는다. 그리고 홈페이지에서는 얼굴도 모르는 분들이 이미 형제이고 자매이며 또 친구가 되어주시니까. 너무너무 감사하다. 정말 큰 힘이 된다. 어떤 분은 언젠가 사그라질 인기 때문에 내가 상처나 받지 않을까 걱정도 하시지만 나는 그래도 끄떡없다. 언제나 하나님이 계시니까.

이번 주에는 그 하나님께 예배드리러 오랜만에 교회에도 갔었다. 병원에서 몰래 빠져나간 거라, 다녀와서 혼나긴 했지만 그래도 정말 좋은 시간이었다. 이제는 곧게 펴진 새끼손가락 덕분에 손뼉을 치며 찬양할 수 있다. 똑바로 펼 수 있는 목 덕분에 또 자연스럽게 움직이는 입술 덕분에 더 기쁘고 더 신나게 소리 내서 찬양할 수 있다.

찬양을 하다가 성경 말씀 한 구절이 생각났다.

"이 백성은 내가 나를 위하여 지었나니 나의 찬송을 부르게 하려 함이니라"(이사야 43장 21절)

이번 수술로 찬양하기에 좋은 몸이 되었다. 앞으로 더욱더 나아져서 다시 성가대석으로 돌아가 하나님께 찬양할 날이 기다려진다.

다음 수술은 27일 아침 일찍 하게 될 것 같다. 인조피부를 댄 목에 다시 제 피부를 입히는 것과 오른쪽 엄지손가락과 왼쪽 엄지손가락을 당기고 있는 피부를 풀어주고 굽은 손가락을 펴는 수술을 받을 거다. 지난번 수술은 하기 전에 조금 겁이 났었는데 이번에는 하나도 겁이 안 난다. 많은 분들의 기도가 내게 더 큰 용기를 주는 것 같다. 분명 수술을 받으면 또다시 아프고 힘든 날들을 보내야 할 것이고 그 기분 나쁜 마취 냄새를 맡아야 할 텐데도, 함께하시는 주님과 또 힘들 때 이길 힘을 주시는 주님을 생각하면 마음이 담대해진다.

"덤빌 테면 덤벼봐!" 이런 식으로 말이다.

2001년 7월 30일. 벌써 1년.
지난 27일 여덟번째 수술을 마치고 아직 병원이다.

오늘은 2001년 7월 30일…. 벌써 1년이다. 어떤 노래 제목처럼 나에게 그 사고가 일어난 지 벌써 1년이 되었다. 너무 아파서 하루가 10년보다 길게 느껴져 더 힘들었던 날들이 있었다. 감사로 맞아야 할 아침이 고통스러운 치료로 시작되는 힘든 시간들이 있었다. 지금 생각하면 눈물이 나게 아픈 날도 많았지만, 그럼에도 불구하고 '벌써 1년'이라고 말할 수 있는 것은… 아픈 기억보다는 하나님이 함께하셔서 힘든 순간을 넘겼던 기억, 많은 이들의 사랑과 기도의 힘으로 그 모든 아픔을 이길 수 있었던 기억이 훨씬 더 많기 때문이다.

작년 7월 30일. 나는 무엇이든 할 수 있을 것 같았고 누구든 도울 수 있을 것 같았던 스물세 살 여대생이었다. 정말 예기치 않았던 사고 때문에 나는 이제 아무것도 할 수 없을 것 같고 또 누군가를 돕기는커녕 평생 누군가의 도움을 받으며 살아가야 할지도 모른다.

지금 당장은 어려울지 모르겠다. 그러나 곧… 하나님이 허락하시는 때에 나는 하나님께서 원하시는 일을 하고 하나님이 돕고자 하시는 사람을 도우며 살 수 있을 것이다.

2000년 7월 30일. 그날 그 화염 속에서 하늘나라에 갔더라면 오늘은 아마 우리 가족들이 제정신으로는 보낼 수 없는 나의 1주기가 되었을 것이다. 그러나 하나님께서 덤으로 1년을 주셨고 나는 오늘 가족과 친구들과 함께 덤으로 사는 새 삶의 첫돌잔치를 했다. 감격스럽다. 모든 것이 하나님의 은혜다. 사는 것은, 살게 되는 것은 죽는 것보다 백배 만배는 어려웠다. 그러나 그렇게 1년을 살 수 있게 하신 것은 정말 하나부터 열까지 모든 것이 하나님의 은혜로 이루어진 것임을 고백한다.

이전의 평범한 여대생이었던 나도, 지금의 많이 달라진 모습의 나도… 나의 나 된 것은 모두 하나님 은혜이다. 하나님이 내게 덤으로 몇 년, 몇십 년을 주실지는 모르겠지만 사는 동안 아무 욕심 없이 하나님만을 바라며 하나님이 원하시는 일을 하고 싶다.

스위트홈에서

2001년 8월 8일, 저는 다시 극적으로 퇴원을 하고 집에서의 달콤한 생활에 접어들었습니다. 퇴원하는 날에는 1년 전 제가 있었던 2층 화상 중환자실에 가보았습니다. 1년 전엔 얼굴 없이 붕대를 싸매고 있었기 때문에 붕대 없이 얼굴을 내놓고 나타난 저를 다들 알아보지 못하셨죠. 제 기억에 늘 침대에 누운 채 바라보던 화상 중환자실은 굉장히 크고 어둠침침했는데… 두 발로 똑바로 서서 보는 그곳은 사실 아주 밝고 그다지 큰 곳도 아니었습니다.

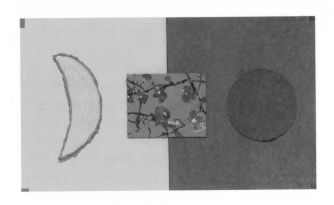

한 자리에 한참을 서서 제가 누워 있던 그 자리, 그 침대를 바라보았습니다. 많은 생각이 오고갔습니다. 그 자리에는 또 다른 환자가 누워 있었습니다. 산소호흡기를 낀 채 초점도 없는 눈으로… 힘겹게 싸움을 하고 있는 듯 보였습니다. 그분께도 아마 그 중환자실은 어둠침침하고 외로운 곳으로 기억되겠지요.

중환자실을 나와 화상치료실에도 잠깐 가보았습니다. 화상치료실에서는 그 특유의 냄새가 났습니다. 늘 살려달라는 비명소리가 있던 곳, 그런 곳에서 나마저 소리를 지르면 이겨내기가 더 힘들까 봐 이를 악물고 꾹 참았던 곳…. 정말이지, 지옥 같았던 그곳의 기억들이 그 냄새로 인해 떠오르며 저를 침묵하게 만들었습니다.

늦은 오후가 되어서야 집으로 왔습니다. 집에 오자마자 소파에 앉아

기도했습니다.

"한 달 전에 집을 떠나던 모습과는 비교도 안 되게 편해진 모습으로, 또 기대했던 모습으로 이렇게 돌아오게 하시니 감사드립니다."

집에서 따뜻한 밥을 먹고 방금 구운 고기를 먹고 그동안 들르지 못했던 여러 사이트에도 들어가보았습니다. 그리고 푹신한 침대에 누워 잠도 푹 잤습니다. 아침 일찍부터 청소하시는 아줌마도 없고, 말발굽 소리를 내며 회진 오시는 의사 선생님들도 없고… 저는 오랜만에 참 잘 잤습니다.

이제 또 다른 생활의 시작이었습니다. 새 생활에 적응하며 또다시 제게 펼쳐 보이실 하나님의 놀라운 손길이 기대되는 날이었습니다.

화려한 외출

그해 7월, 병원 침대에 꼼짝도 못하고 누워 있던 지선이는 텔레비전에서 계속 나오는 남들 바캉스 즐기는 모습에 급기야는 주책없게 '나도 튜브 타고 둥둥 떠서 물장구 치고 싶다.'는 생각을 하기 시작했습니다. 그 몸으로 사람 붐비는 해수욕장에 갈 수도 없고, 사람들 시선은 무시한다고 쳐도 피부에 따갑게 와닿을 햇빛 때문에 외출은 할 수 없는 건데…. 아빠에게 캐리비안베이를 세 시간만 빌려달라고 했더니 아빠는 아무 생각 없이 알겠다고… 언제나 그러셨듯이 대책 없는 대답을 하시며 목욕탕이라도 가자는 둥… 뭐든 한 가지 잡으면 끝까지 졸라대는 지선이를 달래기에 여념이 없으셨습니다.

결국 퇴원 후 열흘쯤 지났을 어느 날 저녁, 가까운 서해안으로 떠나기로 결정을 내리고 벌떼 친구들과 뜨거운 약속을 하는데… 이식한 피부를 물에 담가 불리면 안 된다는 의사 선생님의 말을 들었습니다. 아직 피부가 완전히 착상되지 않았기 때문이었습니다. 아, 어찌 그런 안타까운 일이 있을쏘냐.

그러나 바다에 들어가야만 맛이냐, 발만 담가도 되지 않겠냐, 그냥 해변을 거닐자는 각계의 의견을 모아 그날 저녁 6시 야마다꾼, 하이테크, 구라쌍큼과 우리 모두의 친구 오까와 함께 서해안으로 내달렸습니다.

우리의 목적지는 이름도 멋있는 '해뜨고 지는 마을'. 서해대교를 건너, 대호방조제에서 잠시 하차. 경사 45도의 방조제를 기어이어 올라가 사진 몇 장 찍는 사이 해가 거의 지고 있는 것을 발견. "해 지는 것은 해 지는 마을에서 봐야 한다."며 다시 급경사를 굴러서 내려왔습니다.

모두가 초행길이었던 탓에 잠시 엉뚱한 동네에 내려 "여기가 아닌가벼." 하며 다시 왜목마을을 향해 출발. 처음에는 마을 이름이 '왜곡마을'인 줄 알고 역사 왜곡이 어쩌고 저쩌고 엄청 와글와글 떠들면서 물어물어 겨우 '해뜨고 지는 마을, 왜목마을' 도착.

그러나 해는 이미 지고… 조석간만의 차가 심한 서해안… 마침 썰물 때인지라 바닷물에 발이라도 담그려면 백만 년은 걸어서 나가야 할 듯, 어디서부터가 물이고 어디서부터가 땅인지… 모두들 배가 고픈 나머지 엉뚱한 곳에서 조개구이를 먹는데… 옆에서는 폭죽 터지고… 조개들은 입 벌리고… 깜깜한데 정신이 하나도 없이 조개 한 바구니를 다 먹어치웠습니다. 돌아오는 길에는 너무나도 멋진 휴게소에 들러 환상적인 우동으로 마무리.

바다도 제대로 못 보고 왔지만 좋은 친구들과 정신없이 떠들며 웃으며 다녀왔던 길. 여행은 '어디를 가느냐, 무엇을 봤느냐'보다 '출발할 때의 설레임'과 '누구와 함께했느냐'가 중요한 것! 좋은 친구들과 함께여서 더없이 즐거웠던 지선이의 졸업 여행 겸 바캉스 겸 화려한 나들이는 그렇게 깔끔히 마무리되었지요.

목도리를 풀다

　　　　왜목마을로 여행을 다녀온 이틀 후에 예배를 마치고 병원에 다녀왔습니다. 그날 마침내 목에 감고 있던 붕대를 풀었답니다. 그리고 다음날 권투선수의 글러브처럼 보였던 양손의 붕대까지 풀었지요. 아주 조그마한 상처 빼고는 정말 깨끗하게 피부가 잘 붙었습니다. 교회 성가대 언니들은 피부 이식수술이 아니라 턱 깎고 쌍꺼풀 수술 받은 거 아니냐고 했지요. 후후… 그게 아니라 눈은 지난 6개월 전에 피부 이식하면서 눈꺼풀이 전처럼 당기지 말라고 고정시켜놓았는데 그게 쌍꺼풀처럼 보이는 거였고요, 턱은… 뭐… 목으로 당겨져 붙어 있던 거 정리하고 나니까 뼈 위에 피부만 살짝 있어서 그렇게 보였던 거지요. 아무튼 너무너무 더운데 목도리와 장갑을 훌훌 벗어버려서 정말 좋았습니다.

그런데 목이 다시 조금씩 당겼습니다. 수술하고 나면 피부가 처음보다 조금씩 당겨서 불편함을 느낍니다. 화상이란 게 수술한다고 해서, 피부 이식한다고 해서 끝나는 게 아니란 걸 이미 알고는 있었지만, 또 완벽하지 않으리란 것도 예상하고 있었지만, 막상 한 달도 안 돼서 다시 피부가 당기기 시작하니까 그 기분을 이루 말로 할 수가 없었습니다. 그렇게 고생했는데… 그렇게 힘들게 수술했는데… 또… 또….

심한 사람은 목이 당겨서 열 번씩 수술하는 경우도 있다고 했습니다. 하나님께서 지선이를 그렇게까지 만드시진 않으리라고 믿었습니다. 원장 선생님이 지선이는 '특별한 피부'를 가지고 있다고 하셨습니다. 피부 이식수술 결과도 늘 좋고, 색깔 돌아오는 것도 좋고, 별로 가렵지도 않고, 덧살도 안 올라오고…. 하나님께서는 제게 좋은 피부를 주셨습니다. 제가 당한 사고는 최악이었지만 그 상황에서 하나님은 제게 최선의 것으로 함께하셨습니다.

그래서 저는 다시 믿고 기대했습니다. 최선의 것으로 나를 도우실 하나님을 기대하며 바라보았습니다.

졸업식

사실 대학 졸업은 생각도 못했고 포기하려 했었는데… 하나님의 은혜로, 선생님들의 고마우신 마음 덕분에 졸업을 하게 되었습니다. 원래 졸업식은 2001년 8월 25일 오전이었지만 낮에는 햇빛도 강하고 또 사람들로 복잡할 것 같아서 그냥 저희 마음대로 26일 오후 5시에 지선이만의 졸업식을 했습니다.

1년 만에 처음으로 화장을 하고 없는 눈썹 자리에 눈썹을 그리고 티도 안 났지만 립스틱도 살짝 발랐습니다. 무슨 옷을 입을까 고민하며 옷도 골랐습니다. 오랜만에 입은 여성스러운 옷이 어색하기도 했지요. 그래서 엄마에게 "돼지 목에 진주목걸이 같지?"라고 물었더니 엄마는 아니라고, 너무너무 예쁘다고 말씀해주셨습니다.

학교로 향했습니다. 학교 앞은 많이 변해 있었습니다. 길 양편을 번갈아 살펴보느라고 정말 바빴지요. 입 벌리고 말이죠. 학교 안 구석구석도 돌아다녔습니다. 사고 나던 날 저녁 식사 했던 기숙사, 땀을 뻘뻘 흘리며 오르던 도서관(어쩌나 높은 곳에 있는지 올라가다가 시험 들던 곳. 공부를 해? 말아?), 밤에 오빠를 만나러 나가던 으슥한 길, 강의를 듣던 사범대, 예쁜 아름뜰, 만날 졸며 채플 수업을 했던 대강당…. 어떤 것은 그대로이고 또 어떤 것은 많이 변해 있었습니다. 작년에 짓기 시작한 새 건물이 벌써 4층이나 올라가 있는 것을 보니 '참 시간이 많이 흘렀구나.' 하는 생각이 들었습니다.

학교에는 그 얼굴에 그 몸에 주책이라고, 안 어울린다고 생각하기보다 진심으로 예쁘다고 칭찬해주시며, 함께 지선이의 졸업을 축하해주실 분들이 벌써부터 오셔서 기다리고 계셨습니다. 졸업식을 한다고 홈페이지에 광고를 하긴 했지만 정말 그렇게 많은 분이 오실 줄은 몰랐습니다.

졸업가운을 입고 학사모를 썼습니다. 대강당 앞에서 지선이만의 졸업식을 했습니다. 이렇게 빨리 졸업을 할 수 있으리라고는 상상도 못했습니다. 아니, 얼굴에 피부도 하나 없는 고통의 나날이 계속될 때 이미 졸업장은 마음으로 포기했었는지도 모르겠습니다. 그러나 사막에 강을 만들고, 광야에 길을 내시는 하나님께서 지선이에게 한 걸음 더 나아갈 수 있는 길을 내주셨습니다.

시온성가대의 감격스런 축복송을 듣고 60여 명의 손님들이 한마음 되어 감사의 기도를 드렸습니다. 아빠의 감사 인사가 이어지고 다함께 사진을 찍었습니다. 이런 모습이 아니었다면… 얼굴이 조금이라도 남아 있었다면… 하고 서글픈 마음이 들기도 했지만 그것도 잠시뿐…. 사고 이후 얻게 된, 더 사랑하게 된 사람들과 함께 사진을 찍으며 모두들 정말 기뻐했습니다.

지나가는 이들이 '저 얼굴에 뭐가 저리도 좋을까?' 하는 얼굴로 쳐다보며 갔지만 우리는 즐거웠습니다. 친구들의 축가와 댄스 공연도 보고 맛있는 식탁에서 기쁨을 나누었습니다.

잊을 수 없는 날이었습니다. 처음부터 끝까지 이 마음에, 머릿속에 꼭꼭 담아 기억할 것입니다. 그리고 행여나 마음이 무너지고 외로워질 때 남몰래 꺼내들고 감사할 것입니다. 잃은 것도 많지만 결코 돈이나 노력으로는 얻을 수 없는 것을 갖게 된 것에 감사할 것입니다.

하나님께서 저를 이렇게 사랑하신다는 것을, 비록 사람들 눈에는 불쌍해 보이고 가엾어 보일지라도 나는 누구보다 사랑받는 귀한 자임을 기억하겠습니다.

하나님께서 주신 그 졸업장이 하나님이 제게 원하시는 공부를 하게 하는 귀한 발판이 될 것입니다.

2001년을 보내며

　　　　　2000년 8월, 중환자실에서 아무것도 못하고 누워 있을 때… 밥을 먹고, 물을 마시고, 늘 진물로 범벅이 되는 눈을 닦고, 친구가 되어준 라디오 소리를 조절하고, 심지어는 코를 청소하고 용변을 보는 아주 개인적인 일까지 제가 할 수 있는 일은 아무것도 없었습니다.

당시 스물세 살이던 저는 아빠에게 이런 이야기를 했습니다.

"아빠, 나는 세 살이야. 스무 살을 빼고 세 살이야. 그렇지? 혼자서
는 아무것도 못하잖아."
"그래. 진짜 세 살이다. 이렇게 콧구멍도 아빠가 파주고…." 하면서
아빠는 웃으셨습니다.

그 후로 17개월이 지났을 때 저는 혼자서 밥을 먹을 수 있게 되었고
왼손으로는 젓가락질도 제법 할 수 있었습니다. 혼자서 화장실에 갈
수 있게 된 지는 꽤 되었었지요. 옷도 혼자 다 입을 수 있었습니다.
머리는 엄마가 감겨주어야 했지만 수건으로 몸을 닦는 일, 또 이를
닦는 것 등 혼자서도 잘 하는 일이 아주 많아졌습니다.

예전처럼 할 수는 없지만… 그리고 남이 해주는 게 오히려 편할 만
큼 느리고 힘들었지만… 그래도 혼자 할 수 있는 일들이 많아졌다는
게 저에겐 큰 기쁨이었습니다.

눈도 깜빡일 수 있고, 제가 직접 편지를 읽고 또 쓰기도 했습니다.
게다가 글씨도 제법 예전 글씨체가 나왔습니다. 작게 쓰거나 빨리는
못 쓰지만 그래도 무지 기쁜 일이었습니다.

입 주위에 맞았던 호르몬 주사의 효과가 좋아서 입도 조금 커진 것

같았습니다. 겉으로 보면 잘 모르지만 벌어지지도 않던 입이 벌어져서 칫솔이 이 끝까지 잘 들어가고 좋아하는 치킨을 조금 뜯어먹을 수도 있게 되었습니다.

많이 부족한 모습이었습니다. 하지만 2001년을 보내는 저의 가슴은 감사로 벅차올랐습니다. 아직 스물네 살의 모습으로 살고 있지는 못했지만 곧 몸도 마음도 또 생활의 모습도 나잇값 하며 살 수 있게 되리라 믿었습니다. 하나님께서 어제보다 나은 오늘 주심에 감사하고 오늘보다 좋아질 내일을 소망하면서 달려온 길…. 그렇게 가슴 벅차게 한 해를 접었습니다.

옥의 티… 티의 옥…

제게는 동생이 한 명 있습니다. 세상에 단 하나뿐인 동생입니다. 저와 생각을 나눌 수 있는, 기쁨과 슬픔을 가장 먼저 얘기하는 아주 소중한 동생입니다. 그래서 옛날에도 그렇고 지금도 그렇고 부모님이 주무시는 밤이면 우리는 사소한 일상에서 남의 흉보는 일까지… 밤이 깊어가는 줄도 모르고 이야기를 나눕니다.

동생은 예쁜 것을 아주 좋아합니다. 예쁜 종이, 예쁜 펜, 예쁜 옷…. 동생은 글씨도 예쁘게 쓰고 생각도 예쁜 생각만 합니다. 제가 훈련소에 있을 때도 동생의 예쁜 마음이 담긴 편지를 받을 때면 늘 입가에 웃음이 번졌습니다.

하지만 저는 하나뿐인 제 동생, 그렇게 소중한 동생에게 못해준 것이 너무나 많습니다. 근사한 저녁을 사준 적도 없습니다. 같이 영화를 보러 간 적도 없습니다. 군대에 있을 때 그렇게 와보고 싶어하던 부대에도 데려가지 않았습니다. 그러고 보니 동생에게 깜짝 선물을 해준 적도 없습니다.

제게는 팔과 손등에 흉이 있습니다. 화상 흉터입니다. 피부 이식수술을 하고 두 달간 병원에 있었으니… 꽤 쳐주는 화상입니다. 그래서 그냥 내놓고 다니기엔 조금 이상할지도 모릅니다.

어느 날 밤 동생이 제 손등에 자기 손을 대고 말합니다. "오까 손등에 흉터 튀어나온 거 꾹꾹 눌러… 들어가게…" 전 어이가 없습니다. 그건 의사 선생님이 동생에게 한 말입니다. 제가 동생 팔에 있는 흉터를 누르려고 합니다. 동생이 다시 말합니다. "오까 손등이나 눌러. 나야 손등에 화상 안 입은 부분 조금 있는 거 티의 옥이지만 오까 흉터는 옥의 티잖아…."

동생이 빙그레 웃습니다. 더 이상 예쁜 동생이 아닙니다. 글씨도 예쁘게 쓰지 못합니다. 예쁜 옷도 입지 못합니다. 마음이 또 무너집니다.

하지만 금세 깨닫게 됩니다. 동생의 마음은 하나님이 허락하신 것이라는 사실을…. 그 마음 자체가 하나님이 동생을 붙들고 계신 증거라는 것을 알게 됩니다. 남들은 동생이 불쌍하다며 혀를 찰지 모르겠습니다. 무슨 희망이 있느냐고 할지 모르겠습니다. 하지만 동생은 자신이 행복하다고 고백합니다.

겉으로 보이지는 않지만 세상에는 마음속이 티로만 가득 찬 사람들이 너무나 많습니다. 하지만 제 동생의 마음은 옥으로 가득

차 있습니다.

제게는 동생이 한 명 있습니다. 그래서 같이 영화도 보러 갈 수
있고 맛있는 음식도 먹으러 갈 겁니다. 예쁜 옷도 사줄 수 있고
밤새 수다를 떨 수도 있습니다. 그리고 가만히 들여다보면 지금
도 나름대로 꽤 귀엽습니다.

그래서 저는 행복합니다.

2001. 6. 27.

네번째 이야기 어제와 다른 오늘,
오늘과 다른 내일

입술이 없어서 **엄마랑 뽀뽀도 못하고** 얼굴에는 온통 붕대라서 얼굴 한번 비벼보는 게 소원이던 적이 있습니다. 불과 2년 전의 제 소원이었지요. 몸 전체 어디 상처가 없는 데가 없어 옆으로 누울 수도, 한번 엎드릴 수도, 의자에 앉을 수도 없어 그냥 누워 있기만 한 적이 있습니다. 그런데 살아서 엄마랑 다시 뽀뽀도 하고, 한 침대에 누워 껴안고 잘 수도 있고, 제 손으로 밥도 먹고, 혼자서 화장실에도 가고, 짧아진 손가락으로 가끔 엄마 일도 돕습니다. **아직은 조금 낯설기도 하고 두렵기도** 하지만 시내버스도 타고 지하철도 탑니다. 여느 20대들처럼 영어 학원 강좌에 등록해 수업도 듣습니다. 시끌벅적한 패스트 푸드 점에서 친구들을 만날 때도 있습니다. **저는 벌써 이렇게 살고 있습니다.**

그녀의 뒷모습…. 자기 뒷모습은 볼 수 없잖아요. 그런데 2002년 9월 오까가 일본에 왔을 때 뒤에서 저 모르게 이 사진을 찍었습니다. 처음 보는 제 뒷모습은 이렇습니다. 생각보다 괜찮은걸요?

왼쪽 수술 후 다시 열이 오르는 그 끝이 없을 것 같던 길. 해열제를 맞고 잠이 들었다가 깨어난 어느 오후에 반쯤 열린 창으로 만들어진 예수님의 십자가와 내가 가장 좋아하는 진짜 하늘색의 하늘, 그리고 그린 듯이 걸려 있는 구름 한 조각. '잘 참았다.'고 주시는 하나님의 선물. 오른쪽 위 지선 희석을 만나다. 서로의 광적인 팬으로 '꽤 적절한 관계'를 유지해가고 있는 두 사람. 오른쪽 중간 2003년 3월. 방송사 촬영팀과 우리 가족과… 결국 나올 사람은 다 나오는 재미난 사진. 오른쪽 아래 2003년 4월. '주바라기' 팬이 만들어주신 예쁜 해바라기 꽃다발을 들고 한 컷.

욕심

때때로 마음에 욕심이 생깁니다.

'평범하고 싶다.'

평범한 스물여섯 살 처녀 이지선으로… 친구와 쇼핑하면서 예쁜 옷도 입어보고, 꽃단장하고 설레는 마음으로 남자 친구를 만나러 가고, 집이 아닌 강남이나 신촌 같은 데서 약속 잡아 친구도 만나고, 스트레스 받으면서 회사도 다니고, 결혼하고, 애기 낳고, 복닥거리며 살다가… 가끔 어려운 사람들 이야기에 눈물 흘리고… 도와주기도 하고…. '정말 그냥 평범한 지선이라면…' 생각을 해봅니다.

그러나 제게는 그것이 '욕심'임을 알고 있습니다. 뭐 지금도 할 수는 있습니다. 실제로 그러기도 하고요. 그러나 한 가지 분명한 건… 저는 절대로 평범하지 않습니다.

얼굴만 안 다쳤더라면… 하고 생각합니다. 그냥 평범한 사람들의 얼굴을 보면 그런 생각이 안 드는데 같은 화상 환자들의 얼굴을 보면 그렇게 부러울 수가 없습니다. 화상이라 해도 저처럼 얼굴을 다친 사람은 정말 드물거든요. 그들의 얼굴에 그 모습 그대로 남아 있는 눈이며 코며 입술을 보고 또 봅니다. '얼굴만이라도 남아 있었다면… 이렇게까지 힘들진 않았을 텐데….'

언젠가 엄마랑 친구 창옥이랑 백화점에 간 적이 있습니다. 이런 날이 다시 올까 싶었는데 창옥이랑 같이 정말로 쇼핑을 한 거죠. 예전처럼 좋아하는 생선초밥을 사먹고 팔짱을 끼고 돌아다녔답니다. 나중에 다리가 아파 의자에 앉았는데 지나가는 예쁜 사람들을 보며 또 생각합니다. '나도 저 사람들처럼 살고 싶다….'

하지만 저는 그저 감사하기로 합니다. 마음에 욕심이 하나씩 기어올라와 저를 괴롭힐 때면 저는 또 잠시 잊고 있었던 '사실'을 기억해냅니다. '덤으로' 살고 있다는 사실을 말입니다. '맞아… 이제 이건 이지선 것이 아니지… 그저 살아 있음이 감사한데….'

입술이 없어서 엄마랑 뽀뽀도 못하고 얼굴에는 온통 붕대라서 얼굴 한번 비벼보는 게 소원이던 적이 있습니다. 불과 2년 전의 제 소원이었지요. 몸 전체 어디 상처가 없는 데가 없어 옆으로 누울 수도, 한번 엎드릴 수도, 의자에 앉을 수도 없어 그냥 누워 있기만 한 적이 있습니다.

그런데 살아서 엄마랑 다시 뽀뽀도 하고, 한 침대에 누워 껴안고 잘 수도 있고, 제 손으로 밥도 먹고, 혼자서 화장실에도 가고, 짧아진 손가락으로 가끔 엄마 일도 돕습니다. 아직은 조금 낯설기도 하고 두렵기도 하지만 시내버스도 타고 지하철도 탑니다. 여느 20대들처럼 영어 학원 강좌에 등록해 수업도 듣습니다. 시끌벅적한 패스트푸드 점에서 친구들을 만날 때도 있습니다. 저는 벌써 이렇게 살고 있습니다.

살아 있어서 감사합니다. 살아 있기에 욕심도 생기고 소원도 생기는 것이지요. 제 마음의 소원을 하나씩 이루어주시는 하나님을 기대합니다.

평범한 스물여섯이지만으로
··· 친구와 쇼핑하면서 예쁜
옷도 입어보고, 꽃단장하고 설레는
마음으로 남자친구를 만나러 가는
·········· 六心

쯧쯧쯧···

그저 눈에 보이는 대로 생각하지 말아주세요.
등이 아파서 벽에 기대야 했기 때문에
모두 앞으로 나와 예배드리는데도 저는 맨 뒷자리에 있었어요.
그러나 내 마음은 하나님 제일 가까이,
십자가 바로 밑에 엎드리고 있었답니다.

다들 찬양하는데 저는 입을 꾹 다물고 있습니다.
잇몸이 다 내려앉을 것 같이 당기는 턱 때문에
도저히 입을 벌려 찬양할 수가 없습니다.
그러나 내 마음은 그 누구보다 큰 소리로
하나님을 찬양하고 있습니다.

눈에 보이는 게 전부라고 생각지 말아주세요.
너무나 못난 얼굴을 갖게 되었지만,
예전처럼 예쁘게 화장도 못하지만,
이 마음은 그 누구보다 예쁜 것을 좋아하는
스물네 살 여자입니다.

그저 눈에 보이는 대로 "쯧쯧쯧…" 불쌍하다 하지 말아주세요.
누가 봐도 세상에서 제일 불쌍하고 불행할 것 같은 모습이지만,
그 누구보다 마음이 행복한 천국에 살고 있는 사람입니다.

우리의 외모가 아닌 마음의 중심을 보신다는 하나님,
나의 하나님.
나는 그래서 하나님이 더 좋아요.

내 부족한 외모가 아닌
내 마음을 보시는 하나님,
나는 그래서 하나님이 참 좋아요.

2001. 12. 12.

쯧쯧쯧….

제가 가장 듣기 싫어하는 말 중 하나입니다. 그렇지만 저를 보시는 아주머니들이 결코 빼놓지 않고 하는 말입니다. 엘리베이터에서 내려 걸어가다가도 그 앞에 서 있는 저를 보면 가던 길을 멈추고 저를 둘러쌉니다. "쯧쯧쯧… 아이고, 어쩌다 저렇게 다쳤다니… 아이고…." 그러고는 한걱정을 늘어놓습니다. 저도 귀가 있고 생각이 멀쩡한데… 앞에서 듣고 있는 저는 생각지도 않고 자기들끼리 마구 이야기합니다. 솔직히 화가 납니다.

화상 환자가 그다지 많지 않은 고대 구로병원에 있을 때는 온 얼굴을 붕대로 감고 있어서 그야말로 미라처럼 보였지요. 그런 제가 산책이라도 하려고 복도에 나서면 벌써 저만치 50미터 전방에서 이런 소리가 들려옵니다. "쯧쯧쯧… 아이고, 데었나 봐, 아이고… 쯧쯧쯧…." 그러면 그 아주머니들을 지나쳐가며 제가 말합니다. "데인 게 아니라 홀랑 탔어요. 홀랑." 그러기를 몇 번… 결국 낮에는 산책하기를 그만두었습니다. 환자도 보호자도 모두 잠든 밤에 나와서 아무도 없는 복도를 산책했습니다.

얼마 전 가족들과 여행길에 들른 휴게소에 앉아 기분 좋게 이야기를 나누고 있었습니다. 그런데 누군가 저를 쳐다보는 느낌이 들어 건너편을 보았습니다. 어떤 여자가 저를 보고 뭐라고 이야기하자 남자도

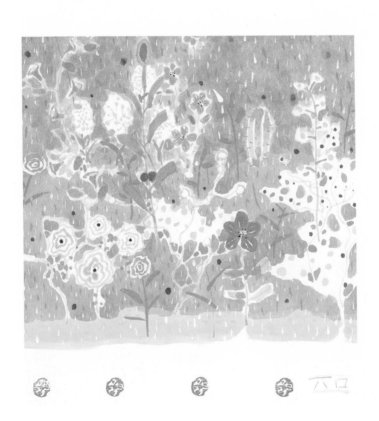

고개를 돌려 저를 보고 또 돌아봅니다. 그러다 저와 눈이 마주쳤습니다. 그 사람들은 안 그런 척하며 다시 고개를 돌렸습니다.

알고 있습니다. 저를 왜 그렇게 쳐다보는지…. 저는 사람들과 아주 다릅니다. 특별하지요.

저도 예전에 평범할 때는 특이한 사람들을 보면 지나가다 뒤돌아보기도 하고 '왜 저렇게 됐을까?' 궁금해하기도 했습니다. 그런데요, 그처럼 아무것도 아닐 것 같은 행동이 알고 보니 저와 같은 장애인을 가장 아프게 만드는 일이었습니다. 위축되게 만들고 더 가리고 싶게 만듭니다. 제 상처는 다 가릴 수도 없고 또 부끄럽지도 않은데 사람들의 시선이 제 몸을 부끄러운 것으로 만듭니다.

제 글을 읽으시는 여러분… 뒤돌아보지 마세요. 그리고 속으로만 생각하세요. 여러분이 무심코 던지는 짧은 말과 잠깐의 시선이 그리고 생각 없는 말 한마디가 이 나라 장애인들을 집 안에 가두고 있습니다.

잊지 마세요.

'연예인' 이지선

인기 연예인과 지선이의 열 가지 공통점!

1. 사람이 많은 곳에 가면 보디가드가 호위한다.
(지선 : 오빠 겸 보디가드가 있다. 지선이 햇빛 받을까 봐 정말 열심히
지킨다.)

2. 일거수일투족을 관리하는 매니저 겸 운전기사가 있다.

(지선 : 엄마가 하루 종일 붙어다닌다.)

3. 본인 이름으로 된 팬 홈페이지가 적어도 두 개쯤은 있다.

(지선 : 시온러브 지선이의 방, 지사모 카페, 지선이의 주바라기 등.)

4. 대중교통을 이용하는 데 어려움이 있다. 사람들이 쳐다봐서.

(지선 : 어찌나 얼굴이 특별한지….)

5. 식당도 맘대로 못 간다. 사람들이 밥 먹다가 세 번은 더 쳐다본다.

(지선 : 사람들이 밥도 안 먹고 쳐다본다.)

6. 인기가 좀 올라가면 큰 차로 바꾼다.

(지선 : 소 잃고 외양간 고쳤다.)

7. 홈페이지에 하루에 백 번 이상 들어오는 열혈 팬이 있다.

(지선 : 수많은 친구 여러분, 땡큐 땡큐!)

8. 여의도에 자주 간다.

(지선 : 병원이 그 옆에 있다.)

9. 성형수술 경험이 있다.

(지선 : 현재 한강성심병원 성형외과 오석준 원장님 환자.)

10. 연기력이 뛰어나다.
(지선 : 움직이기 귀찮을 때 엄청 아픈 척 잘한다.)

길을 걸어갑니다. 저를 지나쳐가던 이들까지도 다시 돌아봅니다. 식
당엘 들어갑니다. 시선이 한꺼번에 저에게 꽂혀 저를 따라옵니다.
그 시선이 싫어 일부러 고개를 더 숙인 적이 있습니다. 남들이 쳐다
보건 말건 저만 안 보고 모르면 그만이니까요.

아마 궁금하겠지요. 어쩌다 이렇게 되었는지…. 저를 보고 또 쳐다봅
니다. 불쌍하기도 하겠지요. 그런 동정 어린 시선이 부담스럽기도 합
니다. 그래서 이렇게 생각하기로 했습니다. '나는 진짜 연예인이다.'

물론 사람들이 연예인을 쳐다보는 것과 저를 보는 그 마음은 다르겠
지만 그냥 그렇게 생각하기로 했습니다. 그래서 숨기려 하지도 않고
'볼 테면 보시죠.'라는 생각으로 고개도 더 빳빳이 들고 미소도 띱니
다. 신문이나 잡지사 등과 인터뷰도 여러 번 했고요 얼마 전에는 방
송 출연까지 했습니다. 교회에 가면 연예인 부럽지 않게 사람들이
저를 에워쌉니다. 길을 가다 모르는 분들이 오셔서 반갑게 인사도
하시고요. 아마 이렇게 많은 분들에게 사랑을 받기도 힘들 겁니다.

지선이는 연예인입니다. 조금 못생긴 연예인이지만… 하나님의 사랑을, 그리고 사람의 마음을 더 사랑할 줄 아는 여러분들의 사랑을 받는 사람입니다.

그래서 저는 더욱 당당할 것입니다.

새로운 가능성을 찾아서

　　　　　　　　2001년 여름, 두 번의 수술로 조금 펴졌던 목은 이미 퇴원도 하기 전에 다시 당겨지는 게 느껴질 만큼 불완전한 것이었습니다. 분명 수술 전보다는 훨씬 좋아졌지만 고생한 만큼 보람은 없었습니다. 인조피부를 쓴다 해도 피부를 얇게 떼어내쓰는 수술에는 한계가 있었습니다. 목처럼 정말 많이 늘어나주어야 하는 부분 같은 경우엔 더욱 그렇습니다. (정상적인 피부에 있는 목주름들이 얼마나 감사한 것인지요.)

저와 목 상태가 비슷한 분들이 몇 년째 수차례의 수술로도 거의 제자리걸음인 상황들을 많이 봤습니다. 목 피부는 점점 당겨와 턱은 없어진 지 오래고, 등을 바로 세울 수 없어서 등받이 없이는 잠시도 앉아 있을 수가 없었습니다. 척추엔 압박골절이 생겨 뼈도 작아지고 휘었습니다. 어떤 날은 기분이 좋아 뭔가를 하다가도 등이 너무 아파서, 정말 숨이 턱턱 막히게 아파서 그만 누워야 할 때가 많아졌습니다. 다른 방법을 찾아야만 했습니다. 남아 있는 건강한 피부를 최대한 활용해줄 방법을 찾아야 했습니다.

그러던 차에 다른 화상 가족에게 이야기를 듣고 찾아간 병원에서 조직확장술이란 새로운 수술 방법에 대해 듣게 되었습니다. 건강한 피부 속에 물주머니 비슷한 조직확장기를 넣고 그 안에 주기적으로 물을 넣어 인공적으로 피부를 불리는 방법이었습니다. 새로운 방법을 알게 되어 기쁘고 감사했지만 한편으로는 너무 속이 상해서 집에 돌아오는 내내 울었습니다.

처음에 이식수술 할 때 뒷일은 고려하지 않고 좋은 피부를 마구 떼어내서 쓴 것… 물론 그때는 생명 때문에 빨리 상처를 덮는 일이 급선무였지만 조금만 생각을 하고 썼더라면 목이나 얼굴 등 중요한 부위에 좋고 두꺼운 살을 쓸 수 있었을 텐데 하는 아쉬움이 들면서 맘이 아팠습니다. 그리고 그 다음에 옮긴 병원에서 4개월 동안 내내 아침저녁으로 무시무시한 치료만 받고 있었던 것도 속이 상했습니다.

그 의사들만 조직확장술에 대해 모르고 있던 건 아닐 텐데, 자기들이 치료하지 못할 환자라면 일찌감치 말해주고 다른 병원을 연결해주는 게 도리가 아닐까 하는 생각이 들면서… 잊어버리려 했지만 다시 야속함과 분한 마음이 되살아났습니다. 그리고 그동안 받은 고통에 대한 서러움 때문에도 울었습니다.

하지만… 속상했지만… 그건 그거고 그날 들은 이야기는 분명 희망이었습니다. 조직확장기로 불려낸 피부만 떼어내 쓴다면 더 이상 상처를 치료하기 위해 또 다른 곳에 또 하나의 상처를 만들지 않아도 되기 때문입니다. 그리고 같은 한국 내에도 이렇게 의사들의 소견이 다를 수 있는데, 미국이나 일본은 어떨까… 생각을 달리하고 고개를 돌려보기 시작했습니다.

외국에 친척 한 명 없는 제가 외국에서 치료받는 것은 가고 싶은 마음만으로는 될 수 없는 일이었는데, 마침 미국에서 저를 도와주고자 나서주신 집사님들이 계셨습니다. 저는 새로운 희망을 볼 수 있기를 기대하며 기도하며 기다렸습니다. 저를 살려주신 하나님께서 이런 모습으로 이렇게 살라고 살려놓으신 건 아닐 거란 생각이 있었습니다. 분명히 세상에 나가서 살 만하도록 만들어주실 것을 믿었습니다. "지금은 생각지도 못한 방법으로 나를 인도하실 것을 믿는다."라고 쓴 그 당시 일기대로, 그 믿음대로, 하나님께서는 정말 제게 새로운 길을 열어주셨습니다.

간단데쓰

　2001년 10월, 저는 일단 새로운 치료의 가능성을 알아보기 위해 일본으로 향했습니다. 감사하게도 일본 '동경 중앙영광교회'의 이용규 목사님께서 병원도 알아봐주시고 예약에 통역까지 맡아주시는 등 정말 큰 도움을 주셨습니다.

처음엔 우연찮게 다른 환자 분에게 와끼다 선생님에 대한 이야기를 듣고 그곳으로 갔는데, 와끼다 선생님은 제가 받아야 할 수술에 관해 더 전문가라는 선배 의사 선생님을 소개해주셨습니다. 그분은 후쿠시마 현립의과대학병원 형성외과 부장교수인 우에다 가츠키 선생님이었습니다. 그리고 저는 우에다 선생님에게서 정말 새로운 수술 방법에 대해 들을 수 있었습니다.

조직확장기로 피부를 불려서 좀더 많은 피부를 얻는 방법은 얼마 전 한국에서 들은 것과 같았지만, 우에다 선생님은 늘어난 피부만 이식하는 게 아니라 혈관을 잇고 지방층까지 이식해서 다시 당기지도 않고 땀도 나고 피부가 숨을 쉴 수 있도록 이식한다고 하셨습니다. 친절한 우에다 선생님은 당신이 자신 있다고, 저를 얼마나 회복시킬 수 있을지 사명감을 가지고 열심히 해보고 싶다는 마음까지 내비치셨습니다. 우리가 원하는 수술이 '무리데쓰'가 아닌 '간단데쓰'라는 시원시원한 말씀과 함께⋯.

그동안 즐겁고 행복했던 저를 질투라도 하는 듯이 고약한 화상이라는 녀석이 턱과 목을 더 잡아당기고 조여와서 멀쩡하던 치아마저 변하고 힘들어하던 터였지요. 얼굴에서 예전 모습대로 남은 거라고는 치아뿐이었는데⋯ 치열도 조금씩 변하고 그 기능을 다할 수 없게 된건 이미 오래전 일이었습니다. 말해 무엇하랴 싶어서 말은 안 하고 있었지만⋯ 저만큼 속상해할 가족들 때문에 말은 안 했지만⋯ 몸 전체의 피부가 한 방향으로 당겨지면서 척추는 물론이고 온몸의 뼈들이 정말 눈물이 날 정도로 아파왔습니다. 언제까지나 나는 고개 숙인 여자이어야 하는지… 언제까지나 아파해야 하는지… 괜시리 바보 같은 생각이 들어 울기도 했었는데… 정말 하나님은 저의 걸음을 헛되게 하지 않으셨고, 친히 저의 길이 되어주셨습니다.

그 후로 미국의 소견들도 알아보긴 했지만 수술 비용이 워낙 감당하기 힘든 액수이기도 했고, 아는 사람 하나 없는 미국이란 곳에 선뜻 가기란 쉬운 일이 아니었습니다. 하지만 그렇다고 하나님께서는 저를 그대로 내버려두지 않으셨습니다. 미리미리 일어 공부도 시작하게 하셨고, 비자 수속도 밟고, 우선 조직확장기를 등에 넣는 수술도 하게 하셨지요.

기다림의 시간은 길었지만, 정말 고통 가운데 보내는 하루하루가 힘겨웠지만 저는 치료와 유학이라는 두 가지의 꿈을 안고 2002년 3월 14일, 드디어 일본행 비행기에 오릅니다.

눈물로 시작한 일본 생활

　　　　　　　　2002년 3월 14일 아침 10시, 인천공항
에서 아빠, 오까와 헤어져 들어가면서 그 헤어짐이 너무 슬프고 아
쉬워 많이도 울었습니다. 그렇게 한국을 떠나 12시가 조금 넘어 동
경 나리타공항에 도착했습니다. 비행기에서 내려 모노레일을 타고
또 조금 걸어서 입국 심사대 앞에 섰습니다. 옆줄에 선 엄마가 먼저
심사를 받으시고 잠시 후 제 차례가 되어 여권과 입국 신고서를 심
사관에게 내밀었습니다.

심사관은 한참 동안 여권을 살피더니 옆자리에 앉은 심사관과 뭐라고 이야기를 나누는 것 같았습니다. 지난번과 달리 조금 시간이 걸리기에 먼저 통과해서 나가 계신 엄마에게 조금만 기다리라고 눈짓을 보냈습니다. 잠시 후 심사관이 저에게 학생이냐고 물었고, 저는 작년에 학교는 졸업했다고 영어로 말했지만 그 사람은 못 알아듣는 눈치였습니다. 그러더니 갑자기 입국 관리소의 다른 사람을 불렀습니다. 저는 엄마가 기다리고 계시는 바깥으로 나가는 게 아니라 오히려 더 안쪽으로 들어가게 되었습니다.

아마도 사고 당하기 전에 만든 여권의 사진과 지금의 얼굴이 다른 게 문제가 된 것 같았습니다. 심사관은 주민등록증을 꺼내보라고 했습니다. 하지만 주민등록증, 운전면허증 모두 사고 이전의 사진으로 만든 것들이었습니다. 제가 교통사고로 얼굴을 많이 다쳤고 여권은 그 전에 만든 것이라고 말했지만, 심사관들은 제 말은 듣지도 않고 마치 무슨 범인이라도 잡은 듯 저를 대하며 우선 신원조회를 해보겠으니 기다리라고만 했습니다.

입국 심사를 무사히 통과해 빠져나가는 많은 사람들 옆에 저는 너무나 초라하게 앉아 있었습니다. 저더러 "당신이 보기에도 사진의 얼굴과 지금의 얼굴이 다르지 않느냐."라고 하는데 할말이 없었습니다. 예전의 얼굴 모습은 제게 조금도, 조금도 남아 있지 않았기 때문입니다.

울지 않으려고 했는데 자꾸만 눈물이 났습니다. 정말 서럽고 속상해서 소리 내어 엉엉 울어버리고 싶었지만 더 초라해지고 싶지 않아서 제대로 다물어지지도 않는 입을 꼭 다물었습니다. 분명히 나인 사진을 보고 내가 아니라고 의심을 하다니… 내가 내가 아니라니… 입술을 꽉 깨물었지만 너무 속이 상해 계속 눈물이 흘렀습니다. 정말 치료를 하러 가는 길만 아니었다면 그 자리에서 다시 집으로 돌아가고 싶은 마음까지 들었습니다.

그리고… 기도했습니다. '하나님! 이때까지 많은 분들이 예전의 얼굴, 아니 그보다 더 예쁜 얼굴 달라고 하나님께 기도한다고 하실 때마다 그건 욕심이라는 생각이 들었어요. 그래서 저는 정말 사람들 보기에 이상하지 않고 제가 보기에도 싫지 않은 얼굴만 되게 해주시라고, 그래도 상관없다고, 그래도 감사하다고 기도드렸는데… 하나님, 이번 일 속상하고 서러워서라도 저 예전 얼굴 찾아주세요. 하나님 하실 수 있잖아요. 다시는 이런 일 당하지 않게 해주세요, 하나님!'

속으로 하나님을 부르는 사이 제법 긴 시간이 지났습니다. 그리고 곧 그 무뚝뚝한 데다 건방지기까지 한 심사관이 나오더니 사과를 하면서 이제 들어가도 좋다고 했습니다. '척 보면 척'인 것을… 꼼꼼하고 정확한 절차가 좋은 것만은 아니라는 생각이 들었습니다. 그 일을 계기로 저는 '오기' 섞인 기도를 하게 되었고 하나님 앞에 서원을 드렸습니다. 예전의 얼굴을 찾아주시면 제 삶을 온전히 주님께 드리겠다고…. 전에는 그런 마음들이 모두 욕심인 것 같았지만 이제는 더 구체적으로 기도해야겠다는 생각이 든 것이죠.

결국 일본 생활이 결코 쉽지만은 않을 것이라는 신고식을 톡톡히 치르고 엄마와 저는 일본 땅을 밟을 수 있었습니다.

참 고마운 무관심

　　　　일본에 도착해서는 교회 가까운 곳에 집도 얻고, 다니게 될 학교도 가보고, 새로운 일본 생활에 대한 적응으로 분주했습니다. 입국할 때의 일이나 민족 감정을 생각하면 마음이 착잡해지지만 그 모든 것을 떠나서 일본은 저에게 참 고마운 나라입니다. 일본은 제게 자유를 주었기 때문입니다.

일본에 도착해 얼마 지나지 않았을 때 재미있는 일이 있었습니다. 아침밥을 먹으려고 엄마가 좁은 부엌에서 칼을 쓰시다가 손을 베인 것입니다. 그런데 가지고 온 밴드도 없고, 밴드를 사러 엄마가 나갈 수도 없는 형편이고, 제가 얼른 약국에 다녀와야 했습니다. 그전까지 저는 사고 이후로 한번도 혼자 밖에 나간 일이 없었습니다. 우리나라 같았으면 어림도 없었을 텐데 용기가 생겼습니다. "엄마 내가 얼른 갔다 올게!" 그 용기의 밑바탕엔 일본 사람들이 좀처럼 저를 쳐다보지 않는 데서 느꼈던 자유로움과 행복함이 깔려 있었지요.

일본어도 못하는데 약국에 가서 밴드를 달라고 했습니다. 도무지 못 알아듣더군요. 결국엔 펜을 달라고 해서 그림까지 그렸는데 그제야 일본인 약사가 "아! 반도!" 하더라고요. 엄마를 위해 '혼자' 밴드를 사가지고 오는 제 발걸음은 정말 가벼웠습니다.

바로 며칠 전까지 한국에서는 사람들이 가던 길을 멈추고 놀라서 저를 쳐다봤는데, 일본 사람들은 도통 저한테 관심이 없었습니다. 남에게 폐가 되는 일은 절대로 하지 않는다는 일본인들…. 어려서부터 그걸 예의라고 배워온 사람들이라 그런지 절대로 저에게 시선을 두 번 주는 일이 없었습니다. 두 번 쳐다보는 사람들은 꼭 한국 사람이더라고요. (저만의 일본인, 한국인 판별 방법이죠.) 아무튼 그 작은 차이 때문에 화상둥이 이지선은 얼마나 행복하고, 얼마나 자유로웠는지 모릅니다. 그런 일본인들의 태도를 보고 너무 개인적이고 위선적

이라 말하시는 분들도 있지만, 그들의 그러한 친절과 꼭 필요한 무
관심이 저는 참 좋았습니다.

책가방 메고 학교로

4월이 되어 저는 드디어 일본어 학교에 입학을 했답니다. 학원이나 다름없는 곳이긴 했지만 입학식도 하고, 반편성 시험도 보고, 아주 오랜만에 다른 학생들과 똑같이 앉아 수업도 받았지요. 아는 거 나오면 큰 소리로 대답하고, 다른 학생들이 못 알아들으면 선생님한테 '나는 그거 알아요.' 하는 잘난 척 눈빛을 마구 보내기도 하고….

함께 수업을 듣는 학생들은 대부분이 한국인이었습니다. 그들 역시 저를 처음 보고서는 적잖이 놀랐겠지요. 그래서 처음에는 조금 어색하기도 하고 전혀 모르는 사람들 사이에서 그저 장애인으로 대해지는 상황이 쉽지는 않았지만, 어차피 제가 한번쯤은 부딪혀야 할 세상이라 생각했습니다. 친구가 생겼으면 좋겠다고 기도했던 대로 친구도 생겨 엄마 없이 쇼핑도 가고, 교회에서는 자원봉사 나온 와세다대학교 일본인 학생에게 일본어도 배우고…. 저는 참 오랜만에 사람 사는 것같이 살게 되었습니다.

엄마는 아침마다 제가 책가방을 메고 학교로 빼딱빼딱 걸어가는 게 너무 좋아서… 너무 감사해서… 매일 창문을 열고 제가 안 보일 때까지 내다보셨답니다. 한 나라에서 외국인으로 산다는 것, 그리고 유학 생활이라는 것이 결코 쉽지도 화려하지도 않은 일이었지만… 정말 모든 게 감사한 날들이었습니다.

수술… 수술… 수술…

일본에서 보낸 1년여의 시간 동안 저는 모두 세 번의 수술을 받았습니다. 2002년 4월 말, 수술 일정이 잡혀 엄마와 저는 동경에서 후쿠시마로 떠났습니다. 우에다 선생님은 오랜만이라며 저를 반갑게 맞아주셨습니다. 그리고 등을 보자고 하셨습니다. 사고 나고 지금까지 진찰과 치료를 위해 옷을 벗는 일은 당연한 일이고 또 수없이 해온 일이지만, 스물다섯 살 처녀에게는 여전히 그리 쉬운 일이 아니었습니다. 그런데 너무나 고맙게도 우에다 선생님은 말은 통하지 않았지만 표정이나 눈빛, 행동으로 정말 미안한 마음을 표현하셨습니다. 환자의 자존심 따위는 아랑곳 않고 심지어 땅에 떨어뜨려 밟아버리기까지 하는 몇몇 의사들과는 정말 달랐습니다. 우에다 선생님이 제 손을 보면서 지었던 그 안타까운 표정…. 하루에도 수십 명의 환자를 대하는 의사의 얼굴에서 그런 표정이 나올 수 있다니… 오히려 제가 감동하고 감사했습니다. 그동안의 제 경험으로는… 환자를 보고 진짜 안타까운 마음을 가질 수 있는 의사 선생님은 별로 많지 않았거든요.

일본으로 향하면서 참 많은 기대와 꿈을 품었었는데 드디어 그 꿈을 현실로 볼 첫 수술이 다가왔습니다.

2002년 5월 10일, 잘 펴지지 않는 목과 오른손을 펴지게 하는 수술이 시작되었습니다. 저는 입도 작고 목이 잘 젖혀지지 않아 마취가 어려운 탓에 기도와 코로 관을 삽입했습니다. 그런데 그 관이란 게 어찌나 굵은지 정말 너무 아파서 코뼈가 부러질 것 같다고 저는 소리를 지르고, 통역을 위해 들어와 계시던 이용규 목사님은 안타까워하시며 저를 달래셨습니다. 여기까지가 제가 기억하는 전부입니다. 그 뒤부터는 전혀 기억이 없는데, 나중에 목사님께 들은 이야기로는, 목사님께서 "지선아 참아라. 이거 지선이 코 소독해주는 거란다." 그러셨더니, 제가 "예, 목사님. 이 사람들이 마취 잘 되라고 깨끗하게 코딱지 파주는 건가 봐요." 그랬답니다.

그렇게 수술은 열여덟 시간이나 계속되어 하루를 넘기고 저는 다음 날 새벽에야 중환자실로 옮겨졌습니다. 중환자실에서 깨어나 처음으로 든 생각은 '내가 목숨을 걸었구나.'라는 것이었습니다. 그 모든 고통의 무게가 저를 짓눌러 땅속까지 끌고 가는 것 같았습니다. '바보같이 이렇게 되는 것도 모르고 목숨을 걸었어…. 그냥 불편하더라도 그대로 살 걸…. 내가 미쳤어…. 하나님, 저는 목 한번 펴보는 게 이렇게 어려운 거군요….'

그때 그 괴로움은 말로 다 설명할 수 없습니다. 우리가 목구멍으로 아무런 불편 없이 숨을 쉬는 것도 얼마나 감사한 일인지요. 시간 역시 어찌나 더디 흐르던지… 수십 킬로그램짜리 짐을 어깨에 메고 큰 산을 세 개는 넘어야 겨우 1초가 흐르는 것 같았습니다. 언젠가 어떤 화상 가족이 하신 말씀이 생각났습니다. 겉모습 고치자고 계속 수술하면 속도 다 다치게 된다고…. 다시는, 다시는 이렇게 긴 수술은 받지 않으리라 마음먹었습니다.

5월 12일 오전, 우에다 선생님이 수술 부위를 확인하러 오셨습니다. 정말 긴장되는 순간이었습니다. 눈알을 막 굴려가며 우에다 선생님의 표정만 살폈습니다. 선생님의 표정이 좋지 않았습니다. 이게 아닌데, 이게 아닌데… 수술이 아주 잘 되었다며, 이씨가 믿는 하나님이 대단하다며, 웃음을 한가득 지어 보이셔야 하는데…. 우에다 선생님은 지금 당장 병실에서 간단한 수술을 해야 한다고 말했습니다. 말이 간단한 수술이지 이식한 피부의 한쪽 부분을 다시 열고 그 안의 지방을 잘라내는 수술이었습니다. 지방이 너무 두터워 피가 잘 통하지 않기 때문이었습니다. 잘라내고 다시 꿰매고 꽤 긴 시간이 흐른 뒤에야 수술이 끝났습니다. 중환자실에서 나오자마자 예상치 못했던 수술…. 알 수 없는 생각들로 마음이 흔들리기 시작하는 것을 다잡고… 다잡으며… 그 길고 긴 하루를 보냈습니다.

하지만 그런 고생에도 불구하고 첫 이식수술 결과는 좋지 못했습니다. 결과를 묻는 제게 의사 선생님들은 "다이조부."라고, 괜찮다고 말했지만… 의사 선생님들의 표정에서 뭔가 안 좋은 예감이 들었습니다. 그렇게 상황을 알 수 없는 몇 주가 흘렀습니다.

그리고 6월, 저는 2차 수술을 받았습니다. 1차 수술로 이식했던 피부의 많은 부분에 피가 잘 통하지 않아 못쓰게 되어 재수술이나 마찬가지인 수술을 열두 시간에 걸쳐 받았습니다. 역시 이번에도 수술 후 이틀 동안 정말 너무 괴로워서… 너무 고통스러워서… 기운이 조금이라도 있다면 이제 그만 이 끝이 없을 마라톤을 그만두었으면 좋겠다는 말도 안 되는 생각도 들었습니다. 조금만 참으면 끝날 고통 앞에 이지선이라는 인간은 얼마나 나약하고 부끄러운 존재였는지요…. 많은 분들이 저를 두고 대단하다고, 강한 사람이라고 말씀하시지만 저는 정말 하나님을 빼고 생각하면 아무것도 아니라는 사실을 다시 한번 깨달은 시간이었습니다. 고통 속에서 견뎌냈던 시간들은… 1퍼센트조차도 저의 의지나 성품으로 견뎌낸 것이 아님을 다시 한번 느낄 수 있었습니다.

입으로 불평하고 원망을 해도, 또 감사를 해도… 비록 더디게 느껴지긴 했지만… 시간은 흘렀습니다. 아픔은 그렇게 지나갑니다. 어차피 지나갈 시간이고 고통이라면 감사하기로 했습니다.

많은 어려움 끝에 저는 한결 좋아진 모습으로 목을 들고 퇴원을 했습니다. 그리고 그해 9월 목 피부에 남아 있던 지방을 마저 빼내고 작은 입을 크게 하며 굽은 손가락들을 펴는 수술을 받았습니다. 수술 결과는 대만족이었습니다. 일본에서의 세번째 수술을 끝으로 일본에 오기 전에 품었던 기대들이 대부분 이루어졌습니다.

사고 후 2년 동안 저는 가족이나 친구가 아닌 누군가와 식사를 한다는 게 조금 힘들었습니다. 잘 벌어지지 않는 작은 입 때문에 뭐든지 작게 잘라서 먹어야 했고, 또 그렇게 음식을 자르는 작업조차 스스로 하기 힘든 손을 가졌기에 반드시 누군가의 손을 빌려야 했지요. 게다가 꽉 다물어지지 않는 입 때문에 음식을 흘리게 되고, 한번에 입 안에 많이 넣지도 못해서 먹는 시간도 꽤 오래 걸렸습니다. 이식한 피부는 피부 감각이 예민하지 못해서 입 주위에 뭐가 묻어도 잘 느끼지 못합니다. 그래서 언제나 신경이 쓰이곤 했습니다. 겪어보지 않고는 알 수 없는 아주 사소한 어려움이지만, 밥은 하루에 세 번이나 먹고, 또 안 먹을 수 없는 일이기에, 언제는 농담으로 "나도 이승복 오빠처럼 공산당을 만나면 '공산당이 싫어요!' 외쳐봐야지…" 한 적이 있습니다. 물론 말도 안 되는 생각이지만 그만큼 입이 커지기를 바라는 마음이 간절했던 거지요.

그런데 세 차례에 걸친 수술로 목을 완전히 뒤로 젖히고 고개를 돌릴 수 있게 된 것은 물론이고 턱이 생겼을 뿐만 아니라 입도 무척 커졌습니다. 그래서 오랫동안 남모르게 기도하며 바라왔던 대로 햄버

거도 먹을 수 있게 되었답니다. 게다가 애쓰지 않아도 입을 다물 수 있게 되었지요. 물을 마실 때면 물을 흘리지 않도록 늘 혀를 썼었는데 이젠 저도 남들처럼 아랫입술로 편안히 물을 마실 수 있게 된 것입니다. 예전보다 발음도 더 정확해졌고, 아직 완전하진 않지만 깨끗해진 예쁜 목 위에, 오까랑 친구들이 사주었던… 그러나 한번도 해보지 못했던 목걸이도 걸 수 있었습니다. 무엇보다 당기는 피부 때문에 안쪽으로 들어가버렸던 턱뼈가 자연스레 서서히 제자리로 돌아올 수 있게 되어 놀라웠습니다. 이제 똑바로 누울 수도 앉을 수도 있게 되었고, 그동안 당기는 피부에 눌려 울림도 없이 작게만 나오던 목소리도 조금씩 회복되었습니다. 이제 힘들고 어려웠던 일들을 모두 과거의 일로 씻어버릴 수 있게 되었답니다.

일본을 떠나오며

      적어도 5년은 치료와 공부를 하며 있을 계획으로 갔던 일본이었는데 저는 뜻밖의 미국 여행에서 너무 좋은 분들을 만나면서 불과 1년여 만에 일본 생활을 접게 됩니다. 오래전부터 생각해오던 미국으로의 길이 열리고, 게다가 제가 공부하고 싶어하는 재활상담 분야가 미국에서 오래전부터 시작돼 발전하고 있다는 걸 알게 되었기 때문입니다. 이미 재활상담을 공부하고 현장에서 일하고 계신 분을 제 홈페이지를 통해 알게 되어 정보를 주고받으며 미국행은 더욱 구체화되었습니다.

그렇게 저는 그동안 일본에서 딸처럼 돌보아주시던 이용규 목사님, 또 언제나 눈물 어린 기도로 저를 사랑해주시던 분들과 이별의 인사를 나누었습니다. 2002년 3월 14일, 짐을 싸 들고, 혼자서는 세수도 못하는 세 살짜리 지선이가 일본에 왔었습니다. 목이 당겨 고개를 들 수 없어서 예배 시간이면 늘 앞자리에 앉아보는 게 소원이었는데… 학교에서 힘들었던 날이면 집에 돌아가는 길에 교회에 들러 십자가 밑에서 기도하며 한참을 울다 가던 날도 많았는데….

혼자서는 아무것도 할 수 없던 저는, 그렇게 엄마 등에 업혀 왔던 세 살짜리 지선이는 혼자 목욕도 할 수 있게 되었고, 언젠가 혼자서 조끼도 입고 바지도 입었다며 신나게 썼던 글 끝에 했던 말처럼 이제 혼자서 유학을 떠날 계획을 세우고 있었습니다.

사고가 났던 해 겨울 병원에서 저는 너무 아파 쉽게 잠을 이루지 못할 때가 많았습니다. 그런 저에게 오빠는 더 이상의 진통제는 안 된다고, 차라리 잠을 자지 말자고 말하며 저를 데리고 병원 복도로 나온 적이 있습니다. 그때 창밖으로 전철이 지나가는 게 보였습니다. 그 전철을 보며 저는 "전철 한번 타보고 싶다."라고 말했지요. 그때 오빠는 '이제 내 동생이 전철이나 탈 수 있을까…' 생각하며 속울음을 울었다고 합니다. 하지만 이제 저는 꿈처럼 마음껏 거리를 다니며 전철도 탑니다.

그리고 퇴원 후 오랜만에 편의점에 다녀온 게 큰 사건인 날도 있었지요. 그러면서 언젠가는 혼자 가게에 들어가 혼자서 냉장고 문도 열고 지갑에서 돈을 꺼내 계산도 할 날을 그려보던 때가 있었는데…. 이제 혼자서 편의점은 물론이고 백화점도 아무렇지 않게 다니는 '쇼핑쟁이'가 되어 혼자 힘으로 할 수 있는 많은 것들에 감사하고 있습니다.

정말 감사했습니다. 사고가 나고 저는 제가 세 살이라고 생각했습니다. 남의 손을 빌리지 않으면 밥도 먹을 수 없고 화장실도 갈 수 없었습니다. 미팅에서 다리 꼬고 앉아 도도한 척하며 만났을 의대생들 앞에서 저는 동물원 원숭이처럼 벌거벗은 학습 교재가 되어 있었습니다. 스무 살도 넘은 여자로 생각하면서 살면 저 자신이 너무 힘들 것 같아 그렇게 스스로 세 살이라고 생각한 것이지요. 그런데 일본에서 보낸 1년의 시간 동안 몸도 마음도 저는 열세 살이 되어 있었습니다. 하나님은 1년을 10년처럼 보내게 해주셨습니다. 떠나오던 주 주일 예배 시간에 저는 한 해 동안 함께 기도와 눈물로 저를 지켜주셨던 일본 교회 성도님들과 언니 오빠 동생들에게 이제 걸어서 가고 뛰어서 가겠다는 약속을 남기고… 그렇게 일본을 떠나왔습니다.

어제와 다른 오늘, 오늘과 다른 내일

2002년 12월, 태어나 처음으로 미국에 여행을 가게 되었습니다. 사고 전부터 가깝게 지내던 전도사님이 미국에서 유학 중이신데, 그동안 지선이 고생했다고 저와 엄마를 불러주신 것입니다. 그리고 미국에 가게 되었다는 이야기를 홈페이지에 쓰고 얼마 지나지 않아 미국에서 저를 만나고 싶다는 분들을 중심으로 처음으로 뉴욕 '지사모'(지선이를 사랑하는 사람들의 모임)가 만들어졌습니다. 게다가 제 홈페이지를 쭉 보아오시던 클리블랜드 클리닉의 이정훈 선생님께서도 메일을 보내셔서 미국에 온 김에 진찰을 한번 받아보는 게 어떻겠냐는 너무나 뜻밖의 제안을 해주셨습니다. 그리고 10여 년 전에 연락이 끊겼던 초등학교 동창과도 연락이 닿았는데 그 친구가 마침 제가 가게 된 뉴저지에 살고 있었습니다. 미국 여행은 정말 생각지도 못했던 만남들 덕분에 여러 가지로 설레는 여행길이 되었습니다.

'꼼꼼쟁이' 오까는 혹시 미국에서도 입국 심사할 때 일본에서처럼 여권 사진과 지금 얼굴이 다르다고 트집 잡을까 봐 병원 기록이랑, 의사 선생님 소견서를 다 챙겨 보내주었습니다. 한 손에는 그 서류들을 들고 있는데 입국 심사관은 전혀 아무 말도 안 하는 것이었습니다. 속으로는 영어로 뭐라고 말할지 외우고 있었는데도 말이에요. 감사하게도 다른 사람들과 똑같이 아무 일 없이 입국 심사대를 통과해 미국에 첫 발을 내디뎠습니다. 공항에는 뉴욕 지사모 몇몇 분들이 꽃다발을 들고 나와 계셨고 난생 처음 정말 연예인 같은 환대를 받았습니다.

미국에서의 첫 일정은 이정훈 선생님이 계시는 클리블랜드 클리닉에서 진찰을 받는 것이었습니다. 그런데 그곳 성형외과의 의사 선생님이 저를 보고 놀라움을 금치 못하셨습니다. 언젠가 영화 〈페이스오프〉에서처럼 인간의 얼굴 피부 이식수술이 실현 가능해졌다는 뉴스를 접한 적이 있는데 제가 간 그 병원이 바로 그 연구를 하는 연구진들이 있는 병원이었던 거죠. 이제 연구는 동물 실험 단계를 마치고 인간에게 시술이 가능한 수준에 이르렀다는 것입니다. 그래서 젊고 건강한 안면부 화상 환자를 찾고 있던 연구진들에게 저는 정말 반가운 사람일 수밖에 없었지요. 수술은 본인에게 있는 뼈와 근육 위에 다른 사람의 얼굴 피부를 통째로 가져와 덮는 것을 기본으로 한다고 합니다. 그래서 본인의 얼굴 모습을 살릴 수 있다는 점이 가장 획기적인 점이고요. 지금까지의 치료에서는 예전 사진을 병원에 가져가봐야 별다른 소용이 없었는데 이 수술에는 정말 예전 사진들이 필요한 것이었습니다. 하지만 아직 한번도 시도된 적이 없는 수술이라는 점, 그리고 수술 후 평생 먹어야 할지도 모르는 면역 억제제의 부작용 등이 걱정되어서 결국은 신중하게 때를 기다리기로 결론을 내렸습니다. 하지만 또 다른 희망을 꿈꿀 수 있게 하시고 이 최첨단 소식을 저에게 가장 먼저 들려주신 하나님께 정말 감사했습니다.

그밖에도 뉴욕 지사모와 LA 지사모 등 여러 가지로 놀라운 만남들이 저를 기다리고 있었고 저의 첫 미국 여행은 그렇게 행복한 또 하나의 추억을 제게 안겨주었습니다.

그러고는 2003년 1월, 1년여 만에 드디어 한국에 돌아왔습니다. 정말 오랜만에 돌아온 한국에서는 저를 알아보시는 분들이 많았습니다. 그동안 저의 홈페이지를 통해 저를 알게 되신 경우가 대부분이었지요. 세상의 평범한 눈으로 보면 정말 방 안에만 틀어박혀 자신을 숨기고 살아야 할 그런 얼굴이지만, 정말 전부 열어 보이고 세상 앞에 나서니 상상도 못했던 재미나고 즐거운 일들이 저를 기다리고 있었습니다.

1년 전 일본으로 떠나기 몇 주 전에 교회 식당에서 한 꼬마에게 '괴물'이란 소리를 열 번도 더 들은 적이 있습니다. 너무 솔직한 그 아이의 입술에서 나오는 괴물이란 소리가 귓전을 계속 울리면서 갑자기 모든 게 멈춰버렸습니다. 게다가 제 몸도 꼼짝을 하지 않아 어찌할 바를 모른 채 그 자리에서 그 소리를 그냥 계속 듣고만 있었던 거죠. 2년 전만 해도 그런 꼬마들을 가르치는 선생님이 되겠다고 공부를 하던 저였는데… 그런 저를 가리키며 "엄마, 괴물이다."라고 말하는 아이의 모습이 정말 충격이었고… 그래서 몹시 울었던 기억이 있습니다.

그런데 일본에서 돌아와 다시 찾아간 그 교회 식당에서 저는 어떤 아이가 친구들을 불러세우고 저를 가리키며 "저것 봐, 이상한 사람이잖아."라고 말하는 소리를 들었습니다. 그다지 기분 좋은 일은 아니지만 저는 한편으로 너무 감사했습니다. 대여섯 명의 아이들 중겨우 눈이 좋은 아이 한 명의 눈길만 끌었고 무엇보다 저는 이제 괴물이 아닌 '사람'이 되어 있었던 겁니다. 이상한 사람이긴 하지만, 어쨌든 '사람'이란 말에 얼마나 감사했는지 모릅니다. 오랜만에 만나는 분들도 모두 저를 보며 많이 좋아졌다고 깜짝 놀라며 반가워하셨습니다.

그리고 2003년 2월 14일 발렌타인데이에 한국 대학생 대중문화 감시단에서 주는 '촛불상'을 받았습니다. 지나치게 상업화되는 대중문화에 경종을 울리고 대안을 제시하는 의미에서 주는 상이라고 합니다. 갑작스럽게 간 자리라 뭔지도 잘 모르고 사실 어리둥절했습니다. 게다가 제가 불에 홀랑 타긴 탔었지만… 촛불이 의미하는 '희생' 같은 것과는 관계없이 저 혼자 살아남으려고 참은 거라… 막상 그 상을 받는 순간 정말 부끄러웠습니다. 너무 부끄러워서 눈물까지 났습니다. (그 자리에 계셨던 분들은 제가 감격해서 우는 줄 아셨을 거예요.) 아무튼 하나님이 저더러 그렇게 촛불처럼 빛이 되는 삶을 살라고 주시는 상으로 알고 감사히 받았습니다. 그 사실을 잊을 때마다 촛불상 보면서 기억해내겠습니다. 클리블랜드, 뉴욕, LA 그리고 일본, 한국으로 이어지는 하나님의 사랑은… 저를 향하신 그 위로와 따뜻한 사랑은 그야말로 '화상 100도'였습니다.

솔직함

언젠가 늦은 밤 제 홈페이지를 어슬렁거리다… 경비대장 오까가 깨어 있을 시간이었다면 당연히 삭제되었을 글 하나를 읽게 되었습니다.

"솔직히 지선님의 얼굴이 너무 혐오스럽다."

그 솔직함에 저는 잠시 멈칫했고, 얼마 동안 그렇게 그 문장을 계속 보고 있었습니다. '혐오스럽다.'라는 말에 얼굴이 조금 뜨거워지기도 했고, 몸이 조금 떨리는 것 같기도 했습니다.

전에도 언젠가 제가 너무 좋아하는 사진인, 오까 등에 업혀 있는 사진 밑에 "징그럽다. 무서워서 밤에는 못 보겠다."는 답글이 달린 적이 있었어요. 이해 못할 말은 아닙니다. 제가 봐도 그 사진은 조금 그러니까요….

하지만 그럼에도 불구하고 제가 그 사진을 올린 것은 그 사진의 얼굴보다 정말 백배 무섭고 더 엉망인 때가 있었기 때문이고, 그 사진 안에 담겨 있는 오까와 저의 마음이 소중하고, 또 그것을 알아주고 함께 감사해주는 사람들이 있기 때문입니다.

이것저것 생각 안 하고 그저 자기 느낌을 솔직하게 표현한 글들을 보면… 어쩌면 그 느낌이 사실일지도 모릅니다. 그래서 때로는 마음이 아프기도 하고 그 말들이 내내 머릿속을 떠나지 않기도 합니다.

하지만 이제는 이상하게 감사가 됩니다. 가끔은 그런 글들이 거울보다도 더 밝게 저 자신을 바로 보게 해주고 제가 서 있는 자리와 제가 할 일들을 깨닫게 해주기 때문입니다. 그리고 무엇보다 제가, 저의 가족이, 제 친구들의 눈이 다른 이들의 눈과 같지 않다는 사실에 다시 한번 감사하게 됩니다. 제 눈에마저 제 모습이 그렇게 보인다면… 저는 단 하루도 살 수 없을 거예요. 너무 솔직하지 않은 제 눈과 지금 제게 필요 이상으로 밝지 않은 눈을 주신 하나님께 감사합니다. 저 자신도 이런 말을 하는 제가 이상하게 느껴질 때가 있지만, 제 눈에는 지금의 제 모습이 정말 귀엽습니다. 또 누군가는 진짜냐고, 진심이냐고 묻겠지만, 저는 진짜 진짜 지금 이 모습이라도 행복하고 기쁩니다. 여전히 하나님의 손이, 하나님의 사랑이 가장 많이 필요한 사람이라서… 그리고 그분의 특별 보호 대상자라서 저는 기쁘답니다. 다시 한번 저를 '바보'로 만드신 하나님께 감사합니다.

용서

가끔씩 제가 당한 사고의 가해자에 대해 물어오는 분들이 있습니다. 그런데 그분에 관한 건… 뉴스에 보도된 대로 '후암동 김모씨'였다는 것 외에는 별로 아는 게 없답니다. 사실 저희 가족은 가해자가 있었다는 사실조차 잊고 삽니다. 은혜지요.

알고 있는 거라고는 사고 당시 그분이 소주를 다섯 병이나 마셨다는 것, 별로 안 다치셨다는 것, 사고를 내고 도망가시려는 걸 경찰이 잡았다는 것, 그리고 너무나 다행히 자동차보험을 들어놓은 고마운 사람이라는 것. 이것뿐입니다.

사고가 나고 시간이 조금 흐르고 제가 정신이 들면서 면회 시간에 아빠와 그분에 관해 이야기를 나눈 적이 있습니다. 보통은 사고가 나면 가해자 가족들이 찾아와 합의를 해달라고 사정을 하곤 하는데 어찌된 영문인지 그분은 가족들도 찾아오지 않고 미안하다는 사과도 들어보지 못했다고 하셨습니다. 그때 그렇게 면회 시간에 미라처럼 온몸에 붕대를 감고 아빠가 떠먹여주시는 죽을 받아먹으며 그 얘기를 듣는데 하나님이 제 입술에 이런 말을 주셨습니다.

"그냥… 아빠… 그… 가족들이 찾아오면… 예수님이 우리 죄를 다 씻어 용서해주셨던 것처럼… 우리에게도 '용서'라는 말을 쓸 자격이 있다면 말야… 예수님의 이름으로 용서한다고… 그렇게 말해줘…."

처음부터 제 마음은 저 이지선의 마음이 아니었답니다. 말했었지요? 저는 천사도 성인군자도 아니라고…. 그냥 이 마음 안에 하나님이 들어오셔서 저를 꽉 붙드신 것이지요.

화상 치료는 치료비가 어마어마합니다. 서울 시내에 자동차보험 안

들고 다니는 차들이 그렇게 많다는데 다행히도 그분은 보험을 들어 놓으셔서… 저희는 집도 안 팔았고 한번도 돈 걱정 안 하고 치료를 받을 수 있었습니다. 얼마나 감사한지요.

사고는 예기치 못한 것이기 때문에 '사고'입니다. 그리고 지금보다 더 나쁠 수도 있는 게 '사고'라는 것이지요. 사고는 일어났지만 하나님은 늘 이길 힘을 허락하셨고, 피할 길 또한 허락하셨습니다. '견딜' 만하도록 말이지요. 여기서 또 '그럼, 하나님이 사고도 막아주시지?'라고 딴지는 걸지 말아주세요. 우리는 하나님이 아니라서 하나님의 뜻과 계획을 다 알 수는 없는 것이랍니다. 그냥 다만 일어나는 일들과 눈에 보이는 상황들 속에서 함께하신 하나님의 손길과 느껴지는 사랑에 감사하고 싶습니다. 우리는 피조물이지 창조주가 아니기 때문입니다.

돌아보면 참 감사할 것들이 많습니다. 제가 그때 중환자실에서 '용서'라는 말을 하긴 했지만… 사실 진짜로 그분의 가족들이 병원에 찾아와서… 주스 깡통 사들고 와서 미안하다고 합의해달라고 그랬다면… 진짜로 '용서'라는 걸 할 기회가 있었다면… 저희 부모님 입장에서 우리 딸은 엉망이 되어 저렇게 누워 있는데… 과연 진짜로 마음에서 '용서'가 우러나올 수 있었을까 하는 생각이 듭니다. 아까도 말했지만 우리는 천사도 성인군자도 아니거든요. 그건 하나님이 제일 잘 아시거든요. 그래서 더 감사합니다. 하나님은 우리 가족이

이 사고에 가해자가 있다는 것조차 잊게 하셨습니다. 그분에 대한 기억을 없게 하셔서 엉망이 된 딸을 보고, 동생을 보면서… 누군가를 미워하거나 저주하면서 마음을 괴롭히지 않을 수 있도록 해주신 거죠. 그냥 사고는 사고로 받아들이게 하셔서, 천재지변처럼 그 누구도 어쩔 수 없었던 것으로… 그렇게 우리 마음과 생각을 지켜주셨습니다. 누군가를 미워하고 원망할 시간에 이렇게라도 딸과 동생을 볼 수 있고 느낄 수 있는 것에 감사하게 하셨습니다. 그저… 놀라울 따름입니다.

척

제가 정말 싫어하는 사람은 '척하는' 사람입니다. 잘난 척, 있는 척, 똑똑한 척, 예쁜 척 등등…. 사실은 그렇지 않으면서 마치 그런 것처럼 보이도록 애쓰는 사람들…. 더 안타까운 건 그런 모습들이 '노력'이고 자기를 포장하려는 '거짓'임이 다 눈에 드러난다는 것이죠. 진실은 '언젠가' 밝혀지기 마련이지만, 대부분의 '척'은 '언젠가'도 아닌 바로 그 자리에서 티가 나버립니다.

여기저기 신문과 잡지에 소개되고 얼마 전에는 방송에까지 출연하면서… 저는 요즘 부끄러운 마음이 들 때가 많습니다.

제가 하나님의 은혜를 입고 사랑을 받은 건 분명하지만… 정말 많은 사람들 앞에서 제가 마치 하나님과 특별한 대화라도 나누는 사람인 척, 그렇게 하나님과 매일 만나는 하나님의 애인인 척, 거룩한 척, 경건한 척, 하나님 앞에서 신실하고 성실한 척… 내가 그렇게 '척하는' 건 아닐까….

저는 그저 하나님의 사랑과 은혜를 입은 사람일 뿐입니다. 그런데 그동안 많은 분들 앞에 모습을 드러내는 자리에서 제가 받은 그 하나님의 사랑과 은혜만을 나누는 게 아니라 그야말로 거룩한 '척'하지는 않았는지 부끄러울 때가 많습니다.

지금은 정말 많은 선택과 결정을 기다리는 문제들이 제 앞에 있습니다. 기도해야겠습니다. '주바라기'인 '척하는' 못된 모습을 버려야겠습니다. 진짜 주바라기이신 예수님을 좇아 조용히 무릎 꿇고 싶습니다. 모든 선택이 하나님 뜻대로 이루어질 수 있도록 하나님의 뜻을 구합니다. 하나님의 인도를 구합니다. 복잡해하고 머리 아파하며 하던 회의는 이제 그만두겠습니다. 기도해야겠습니다.

새로운 출발, '주바라기'

저는 '지선이의 주바라기'라는 이름으로 제 홈페이지를 운영하고 있습니다. 네티즌들 사이에 조금씩 소문이 나고 알려지기 시작하면서 기독교 언론뿐만 아니라 여러 신문과 잡지, 방송 등 대중매체를 통해서도 제 이야기기가 세상에 알려지게 되었지요. 생각해보면 아주 소박하고 작은 마음에서 시작한 홈페이지인데 결과는 정말 놀라웠습니다. 물론 여러 모양의 반응과 대답들을 마주하면서 간혹 마음 상하고 눈물 흘리는 날들이 있긴 했지만… 결코 부인할 수 없는 한 가지 사실은… 하나님은 분명 이 홈페이지마저도 당신의 귀한 도구로 사용하고 계시다는 것입니다. 화상등이 지선이에게 사랑과 평안을 부어주시는 도구, 또 그런 화상등이 지선이를 예쁘다 하며 격려하고 사랑해주시는 고운 마음의 여러 분들에게 하나님이 살아 계시다는 것을 보여주는 도구로 말입니다. 홈페이지를 만든 것은 사람의 손이었지만, 그 홈페이지를 쑥쑥 자라게 하시고 생수가 넘쳐흐르는 축복의 근원이 되게 하신 것은… 분명 주님의 맑은 눈동자와 온기 넘치는 사랑이었습니다.

주바라기의 시작은 지금의 세련된 홈페이지가 아니라 클릭 몇 번만으로도 뚝딱 만들어지는 아주 간단한 것이었습니다. 지금의 홈페이지는 처음의 어설픈 홈페이지가 선을 보인 지 6개월 뒤인 2001년 10월에 탄생했지요.

사고 이후 교회 식구들이나 친구 등 저의 수술 소식과 상황을 궁금해하시는 분들이 많았습니다. 사실 매번 궁금한 마음에 전화를 하는 것도 어려우셨을 테고, 부모님 역시 같은 이야기를 계속 반복하기가 쉬운 일은 아니었지요. 그리고 제게 개인적으로 격려를 해주고 싶으신데 그 마음을 전할 수 없어 안타까워하시는 분들이 있었습니다. '홈페이지를 만들어야겠다.'라는 생각의 출발은 여기부터였습니다.

그리고 무엇보다 그런 마음이 강렬하게 들었던 것은 저와 함께하시는 하나님을 전하고 싶다는 소망 때문이었습니다. 제가 얼마만큼 고생했는지 자랑하기 위함도 아니고 사람들을 울리기 위해서, 동정을 받기 위해서는 더더욱 아니었습니다. 많은 분들이 제 병실에 와서 받으시는 충격과 아픔, 걱정 앞에서 "저 정말 괜찮아요."라고 이야기하고 싶었기 때문입니다. 그런데 그걸 일일이 말로 설명하기도 어렵고, 그냥 걱정 끼치지 않으려고 일부러 그러는 거려니… 하며 더 마음 아파하시는 분들도 계셨기에 글을 통해 더 자세하고 솔직하게 이야기하고 싶었습니다. 상황은 전혀 괜찮지 않았지만 하나님이 그 마음을 주시는데 어떡하겠어요.

적어도 눈에 보이는 대로, 귀로 들리는 소식으로 걱정하고 마음 아파하는 사람들이 없기를 바랐습니다. 그냥 넘겨짚으며 하게 되는 걱정과 동정은 정말 아무 소용도 필요도 없었으니까요. 저를 불쌍히 여겨주셔야 할 분, 긍휼히 여겨주셔야 할 분은 하나님 오직 한 분뿐이니까요. 하나님 한 분이면 족하기 때문입니다.

그리고 또 다른 생각은… 조금 우습게 들릴지도 모르겠지만… 제가 유명해져야겠다는 것이었습니다. 지금 이런 모습의 제가 세상에 알려지면 적어도 길에서 마주치는 여러 사람들에게 '몰이해'는 당하지 않을 것이라는 마음에서였지요. 저런 얼굴, 저런 손, 저런 모습이라면 당연히 불행하고 괴롭고 힘들 것이라는… 겉모습처럼 그의 인생도 우울하고 답답할 것이라는… 순전히 자기네들 입장에서만 나온 생각들…. '쯧쯧쯧, 저러고 어떻게 사나.' 하는 말과 눈빛들이 너무나 부담스러웠습니다. 저는 그런 생각과 말, 눈빛을 '몰이해'라고 부릅니다.

힘들지 않았다는 게 아닙니다. 적어도 '저런 모습이니 이제 쟤는 아무것도 못 하겠다.' '앞으로 어떻게 사나.' '죽는 게 낫지, 인생 끝났네.' 라는 식으로 당사자의 마음과는 상관도 없는 자기들만의 생각으로 남의 인생에 종지부를 찍어버리는 '몰이해'가 정말 싫었습니다. 분명 그렇지 않은 분들도 계시겠지만… 저 역시 예전에는 아무렇지 않게 그런 생각을 하는 사람이었기에… 이제 정말 그런 생각이 틀렸다는 걸 당당하게 말하고 싶었습니다. 이런 모습이라도 날마다 소망을 꿈꾸며 하나님을 기다리는 행복을 누립니다. 또 세상이 결코 줄 수 없는 평안함을 누리고 있다는 걸 전하고 싶었습니다.

세상의 눈으로 보면 동정거리밖에 안 되는 이야기이지만 제가 하나님께 받은 위로를 통해 제 이야기가 정말 값지게 쓰였으면 하는 바람입니다. 제 상처와 제 못난 외모와 짧은 손가락이 그저 장애로만 남지 않게 하시는 하나님의 법칙에 감사드립니다.

홀로서기

내 삶은 하나님의 기쁨이어야 한다.
하나님이 그렇게 만들어주시는 것도 80퍼센트이지만
20퍼센트는 내가 만들어가야 하는 부분이다.
그게 은혜이고 사명인 것 같다.

2001. 11. 19.

2002년 여름, 일본 생활이 여섯 달째로 접어들고 있을 때였습니다. 학교에는 새로운 학기의 등록금을 내고, 비자 만료일이 얼마 남지 않아서 비자 신청을 위한 서류를 준비하고 있을 때였지요. 엄마 역시 비자 기간이 만료되어 잠시 한국으로 가시게 되었습니다. 저는 한국으로 떠나시는 엄마에게 잘 다녀오시라고, 씩씩하게 혼자서도 잘 할 수 있노라고… 멋진 모습을 보여드리고 싶었는데… 그날 학교 가려고 집을 나서는 길에 자꾸만 눈물이 나서 엄마 얼굴도 못 쳐다보고 인사도 제대로 못하고 나온 적이 있습니다.

엄마는… 누구에게나 엄마는 특별한 존재이겠지만… 저에게 엄마는… 아주 특별합니다. 그럴 수밖에 없습니다. 엄마는 제게 최고의 간호사이고 지혜로운 선생님이며 가장 잘 맞는 룸메이트이고 따뜻한 마음을 가진 언니이고… 그러나 제 앞에서는 절대로 눈물을 보이지 않는 강인한 엄마였습니다. (일명 '은근 계모'.) 그리고 또 세상에서 가장 친한 친구였습니다.

정말 모든 걸 포기하고픈 순간에도 엄마와 함께였기에… 엄마가 있었기에… 하나님을 생각할 수 있었고, 기도할 수 있었습니다. 중환자실에서 밥 한 숟가락 떠먹일 때마다 기도하시는 엄마 때문에, 정말 목으로 넘어가지 않는 밥이었지만 저는 기를 쓰고 먹었습니다. 제가 살아주기를… 어떤 모습으로라도 부디 살아 있기만을 바라는 엄마가 옆에 계셨기 때문입니다. 엄마는 스무 살이 넘은 딸의 대소

변을 다 받아내고, 매일 몸을 씻겨줘야 했고, 매일 온몸에 약을 발라 줘야 했습니다. 저는 엄마가 없으면 안 됐습니다. 밥 한 숟가락조차 제 힘으로는 먹을 수 없는 애기였습니다.

이제는 정말 너무나 많이 좋아졌습니다. 거의 모든 일상 생활을 혼자 해낼 수 있을 뿐만 아니라 심지어 유학을 꿈꾸고 있습니다. 이제는 엄마도 휴가가 필요한 때입니다. 엄마도 엄마의 사회가 있었고, 엄마 도 좋아하는 일, 하고 싶은 일, 만나고 싶은 사람들이 있었을 텐데… 엄마는 저 때문에 그 모든 것을 포기하고, 오직 저만을 위해 3년을 사셨습니다.

이제는 하나님께서 제가 완전히 혼자 서기를 바라시는 것 같습니다. 저의 홀로서기를 기뻐하실 하나님과 엄마와, 또 사랑하는 가족들을 위해서… 저는 열심히… 열심히… 홀로서기를 시작합니다.

특별한 사람… 당신은 VIP

저는 장애인입니다. 지체장애 3급.
다 타버린 손가락을 한 마디씩 잘라냈고 화상 상처를 덮기 위해 이식한 피부들이 서로 당겨서 손목이나 팔꿈치, 겨드랑이처럼 폈다 구부렸다 해야 하는 관절들이 사고 전과는 너무 많이 다르게 불편해졌습니다. 그래서 1년여 기간 동안 살을 찢는 고통 속에서 재활치료를 받아왔습니다. 그것뿐만이 아닙니다. 화상 때문에 보통사람과는 너무나도 다른 얼굴을 하고 있습니다. 덕분에 저는 전과 같은 생활은 이제 생각도 못합니다. 아직 법적으로는 안면 화상이 장애로 인정되지 않지만 우리 사회에서는 그 어떤 장애보다 더 심각한 장애인의 모습입니다.

이 땅에서 장애인으로 사는 일은 정말 쉬운 일이 아니었습니다. 제 몸의 불편함은 둘째 치고 사람들의 시선을 대하는 일이 가장 큰 불편함이었습니다. 저를 못 본 척하며 지나가지만 '어쩌다 저렇게 되었을까… 어머어머 손가락도 없네…' 하는 그 호기심 어린 눈빛, 놀란 눈초리는 이미 순식간에 제 몸을 머리부터 발끝까지 훑고 지나갑니다. 대중목욕탕에서는 벌거벗은 제 주변으로 사람들이 몰려들며 구경을 한 적도 있습니다. 심지어는 어쩌다 그렇게 되었느냐고, 무슨 큰 죄라도 지은 거냐고 묻는 사람들도 있었습니다.

처음에는 그 관심이 너무 싫어서 모자를 썼습니다. 이상하게 쳐다보는 사람들의 그 눈을 보지 않으려고 제 눈을 가리기도 했고, 보호해 줄 사람이 없으면 밖에 나갈 엄두도 못 내던 시절이 있었습니다. 이제 장애인으로 산 지 3년이 되어갑니다.

장애는 성경에도 나와 있듯이 그 자신의 죄도, 그 부모의 잘못 때문도 아닙니다. 누구에게나 언제든지 찾아올 수 있는 것이 장애입니다. 장애란 누군가에게 처음부터 정해지는 것이라고 생각하는 사람들이 있습니다. 운도 지지리도 없는, 재수도 더럽게 없는 그 누군가에게만 일어나는 일로 사람들은 종종 착각합니다. 그렇게 자신과는 먼, 아주 먼 나라의 이야기로만 생각합니다. 그러나… 제게도 그랬듯이 장애나 사고는 그 누구도 계획하지 않았는데, 아무 마음의 준비도 없을 때, 예고도 없이 찾아옵니다. 운이나 재수의 문제가 아닙니다.

사람들이 장애에 대해 갖는 또 한 가지 착각은 '장애는 곧 불행'이라는 것입니다. 저 역시 장애인 판정을 받기 전까지의 25년은 그런 생각으로 살았는지 모르겠습니다. 그렇게 누가 누구를 동정해야 하는지도 모르고 장애인들을 쳐다보곤 했습니다. 장애는 불편할 뿐이지, 결코 불행하지 않습니다. 행복과 불행의 경계는 장애와 비장애에 있는 게 아닙니다. 이 땅이 장애의 기준을 눈에 보이는 것으로, 신체의 다름과 불편으로 삼았을 뿐이지, 실제로 눈에 보이지 않는 것의 건강과 다름을 기준으로 삼는다면 누가 장애인이고 비장애인일지는 아무도 모르는 일입니다.

개인 홈페이지를 운영하면서 그리고 저에 대한 다양한 반응들을 접하면서 그야말로 별별 사람들을 다 겪었습니다. 그 가운데 마음이 건강하지 못한 사람들, 겉으로는 멀쩡하지만 정작 동정 받아야 할 불쌍한 사람들을 여럿 보았습니다. 절뚝거리는 다리를 가진 생각과 아무 소리도 듣지 못하는 마음, 눈먼 영혼을 가진 사람들이 있습니다. 겉모습은 멀쩡하지만 그 입으로는 화상으로 일그러진 모습보다 더 추한 말들을 쏟아대는 사람, 시간이 흐르면 거품처럼 스러질 것들만 손에 넣으려고 욕심 가득한 꿈을 꾸고 있는 사람들을 봅니다.

《오체 불만족》의 주인공 오토다케, 《발로 쓴 내 인생의 악보》를 쓴 레나 마리아. 그리고 이 땅의 수많은 장애인들… 그들의 이야기를 보면, 그들의 맑은 눈빛을 보면, 그들이 누구보다 건강한 사람이란 걸

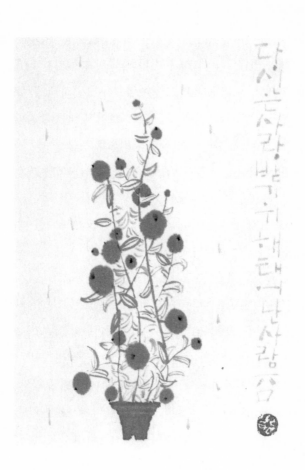

다섯손가락부터 넷째 다섯 사람음

알 수 있을 것입니다.

좋은 대학을 나와 좋은 남편 만나 남들이 부러워할 만큼 사는 것이 축복이라고 생각하던 시절이 있었습니다. 예쁜 게 다인 줄 알고 살던 시절이 있었습니다. 그러나 진짜 축복은 그렇지가 않았습니다. 제 몸의 장애가, 그간에 겪은 고통과 아픔들이 그것을 가르쳐주었습니다. 정말 중요하고 영원한 것은 눈에 보이지 않는 것들이라는 사실을 깨달았습니다. 몸의 특이함과 불편으로 위축될 이유가 없습니다. 인생이 끝났다고 좌절할 이유도 없습니다. 장애인은 결코 열등한 존재가 아닙니다. 저는 오히려 우월감을 가져도 좋은 축복받은 사람이라고 생각합니다. 하나님의 끝없는 관심과 세심한 배려, 한없는 사랑을 경험하는 하나님의 VIP입니다.

인생은 끝나지 않았습니다. 누가 뭐래도 생명은 소중합니다. 상상 못할 고통과 아픔을 대가로 치른 우리 장애인들의 삶은 더욱 그렇습니다. 이를 악물고 참느라 이가 다 으스러질 정도였고, 턱뼈가 다 얼얼할 정도로 젖 먹던 힘까지 다해 참으면서 살아낸 우리의 삶은 그 무엇보다 소중합니다. 가족들의 애간장을 다 녹이며, 가족들의 그 뜨거운 눈물을 대가로 일궈낸 우리 장애인들의 삶은 정말 귀한 것입니다.

사는 것은, 살아남는 것은 죽는 것보다 훨씬… 천배 만배는 힘들었습니다. 그 귀한 삶을 동정하지 마십시오. 넘겨짚지도 마시고 오해하지도 말아주십시오. 우리는 세상에 정말 중요하고 영원한 것이 무엇인지 아는 사람들입니다. 생명이 얼마나 소중한 것인지, 사랑이 얼마나 따뜻한 것인지, 절망이 얼마나 사람을 죽이는 것인지, 희망은 얼마나 큰 힘이 있는 것인지, 행복은 얼마나 가까이에 있는지, 정말 세상에 부질없는 것들이 무엇인지, 기쁨과 감사는 얼마나 작은 것에서부터 시작되는지… 우리는 그것을 알고 있는 사람들입니다. 마음껏 부러워하셔도 좋습니다. 저는 더 당당할 것입니다. 우리는 VIP입니다. 특별한 사람… 당신은 사랑받기 위해 태어난 사람입니다.

나는 지금 행복합니다

저는 덤으로 사는 삶을 살고 있습니다.

나는 사과 한 개밖에 사지 않았는데 내가 단골이라서, 혹은 예뻐
서… 이러저러한 이유로 주인이 값없이 주는 게 '덤'입니다 그리고
꼭 성한 게 아니더라도, 한 귀퉁이가 조금 뭉그러진 사과일지라도
그저 주는 게 고마운 것… 그것이 바로 '덤'입니다.

하나님께서 제게 그 덤을 허락하지 않으셨다면… 2000년 여름 사고
나던 날부터 일주일 동안 의사들이 저를 '이제 곧 죽을지도 모르는
가장 위험한 환자'로 분류해놓았을 그때… 그렇게 갔을 것입니다 스
물세 살의 어느 날 정말 '찍' 소리도 한번 못하고 끝나버리는 게 제
몫이었다면, 온전치는 않지만… 껍데기는 조금 남들과 다르지만 지
금 이렇게 살 수 있는 것… 이건 바로 제가 받은 덤입니다.

주기만 해도 감사한 것이 덤인데… 하나님께서는 덤의 지선이 삶에

또다시 덤의 덤을 얹어주십니다. 제게 천국의 마음을 주셨고 정말 많은 분들의 사랑을 받았고 그 기도에 힘을 얻었습니다. 일본과 미국으로 저의 걸음을 인도하신 하나님. 돌아보면 하나님의 개입과 섭리 없이는 절대 이루어질 수 없는 길이었습니다. 그리고 하나님은 다시 공부를 하고 꿈을 키울 수 있게 해주셨습니다.

저는 정말 행복합니다. 하나님을 모르는 사람들은 '저러고도 뭐가 행복할까?' 생각할지 모르겠습니다. 그러나 저는 정말 솔직하게 다치기 이전보다 훨씬 즐겁게 살고 있습니다. 덤의 인생은 조금 불편하긴 해도 걱정이나 근심, 어쭙잖은 우울함 따위는 없습니다.

언젠가 〈병원 24시〉라는 텔레비전 프로그램에서 화상을 입은 열 살짜리 꼬마의 이야기가 방송된 적이 있습니다. 그 아이도 그 무시무시한 화상 때문에 제가 치료를 받았던 그 치료실에서 처절한 시간을 보내고 있었습니다. 화상으로 다 타버려 없어진 피부 대신 붕대를 감고 있습니다. 피부도 무엇도 아무것도 없는 그 몸에 소독약을 바릅니다. 거기서 차라리 정신을 잃었으면 싶을 정도로… 그 고통은 정말 말로 다할 수 없는 것입니다. 열 살짜리 아이가 비명을 질렀습니다. 도저히 눈을 뜨고 볼 수가 없습니다. 사고 후 7개월 동안 받아야 했던 그 치료의 순간들이 빠르게 스쳐 지나갑니다. 그 고통이 뼛속까지 파고들었습니다. 그리고 더 이상… 볼 수가 없었습니다.

방송이 끝나자 엄마가 저를 안고 엉엉 우셨습니다. 그동안 한번도 제 앞에서 울지 않았던 엄마가 소리 내어 막 우셨습니다. 지난 세월 딸이 받았던 그 고통 때문에 엄마는 가슴이 아파서 그렇게 울었습니다. 그러나 엄마도 저도 이내 눈물을 닦았습니다. 살아 있기 때문입니다. 저를 살리신 하나님이 계시기 때문입니다. 많은 고통을 대가로 치르긴 했지만… 그리고 앞으로도 몇 년 동안은 계속해서 수술대 위에 올라가야 하겠지만… 그러나 살아 있기 때문에 소망이 있고 희망이 있습니다. 우리가 그 고통 가운데에서도 견딜 수 있었던 것은

'소망'과 '평안' 때문이었습니다. 저를 향한 하나님의 특별한 뜻이 있으시며 지금의 제 모습 그대로를 사랑하시는 하나님께서 이 모습 그대로 기쁘게 저를 사용하시리라는 소망 말입니다. 그 소망이 마음에 평안을 주었습니다.

언제나 눈에 보이는, 정말 '짠' 하는 기적을 바라왔습니다. 정말 기대를 품고 갔던 일본에서도 여전히 그런 기적이 나타나지 않아 병원 침대에 누워 하나님 성격 이상하시다며, 만나면 꼭 따져볼 거라고 울었던 적도 있습니다. 하지만 곰곰이 생각해봅니다. 정말 내게 기적이 없었는가?

그 누구도 살 수 없다고 했습니다. 그럼에도 불구하고 저는 지금 이렇게 너무나 잘 살고 있습니다. 기적처럼 눈을 지켜주셨고, 캄캄한 절망 가운데 있을 때 하나님은 제 얼굴에 새 피부를 덮어주시기도 했습니다. 의사들조차 이 깊은 상처 위에 피부가 나올 리가 없다며 믿을 수 없어했습니다. 하지만 분명히 피부는 돋아났고, 그 증거는 제 깨끗한 이마에 남아 있습니다.

그러나 그 무엇보다 더 큰 기적은 제 안에서 일어나고 있는 것입니다. 저조차도 이런 제가 이해되지 않을 정도의 평안함이 늘 있습니다. 소망 가운데, 감사하는 가운데 임했던 '평안'… 몸의 편안함과는 비교할 수 없는 그것…. 전쟁터 속에 있어도 하나님께서 저와 함께 하신다는 믿음과 거기서 오는 영혼의 평안함. 예전 얼굴을 다시는 찾을 수 없을 것이라는, 여덟 개의 손가락을 절단해야 한다는 이야기를 들었을 때에도 우리가 요동하지 않을 수 있었던 이유는 바로 그 '평안' 때문이었습니다.

왼손보다 오른손이 더 짧고 잘 움직여지지 않는데 왜 오른손을 더 지켜주시지 않았냐고 울며불며 원망하는 게 아니라, 왼손이라도 오른손처럼 심하지 않아 잘 쓸 수 있으니 감사하는 마음을 주셨습니다. 손가락을 절단하러 들어가는 그 수술실 앞에서는 더 많이 자르지 않아서 감사하는 마음을 주셨습니다. 술을 마시고 운전해 우리 차를 들이박은 그분께 조금도 미운 마음이나 분노가 생기지 않도록 제 마음을 지켜주셨습니다. 달라진 삶과 얼굴을 제 것으로 받아들일 수 있는 마음을 주셨습니다. 아무리 성인군자라 해도, 아무리 성격이 좋은 사람이라고 해도 갖기 힘든 마음을… 하나님은 한번 도를 닦은 적도 없는 제게, 그리 착하지도 않던 제게 선물로 주셨습니다.

'만약 하나님이 없으시다면?'이라고 가정해봅니다. 이 서울을 다 준다고 한들, 이 나라를 통째로 준다고 한들, 제가 잃어버린 것들에 대한 위로가 될 수 없습니다. 세상 어느 것으로도 저를, 제 모습을, 제 꿈을, 제 삶을 잃어버린 것에 대한 보상은 할 수 없을 것입니다. 그러나 하나님이 주시는 위로와 평안은 저를 지켜주었습니다. 힘든 시간을 지내면서 저는 그것이 돈으로는 결코 살 수 없는, 정말 그 무엇과도 바꿀 수 없는 것이라는 사실을 깨닫습니다. 정말 힘든 가운데도, 어제는 숟가락 혼자 잡을 수 있어서, 오늘은 또 문고리 잡고 열 수 있어서 감사하며 기뻐할 수 있는 마음…. 그래서 매일매일이 너무 행복한 마음이 제게 일어난 가장 큰 기적입니다. 제 힘으로나 제 의지로는 결코 일어날 수 없는 일이기에… 저는 감히 그것을 '기적'이라 부릅니다.

오래전부터 품어온 꿈이 있습니다. 심리학을 공부하고 싶습니다. 그래서 갑작스럽게 많은 것을 잃게 된 장애인들의 상실감과 우울함, 지워지지 않는 마음의 고통을 치료하는 상담센터를 만드는 게 제 꿈입니다. 의학은 한계가 있지요. 의사는 신이 아니니까요. 열심히 치료받지만 결코 넘을 수 없는 벽으로 남은 장애. 달라진 상황과 몸을 내 것으로, 내 이야기로, 사실로, 현실로 받아들일 수 있는 마음과 생각이 숙제로 남습니다. 갑작스레 잃어버리게 된 것들에 대한 상실감. 변하게 될 환경과 상황들에 대한 두려움. 분명 몸의 치료만큼이나 중요한 치료입니다. 그 치료를 돕는 사람, 그 치료를 감당하는 사람이 되고 싶습니다. 잃어보지 않은 사람은… 아파보지 않은 사람은

모르는 뭔가가 있는 것 같습니다. 저 역시 제가 모르는 뭔가가 있다는 걸 제가 직접 잃어보고 아파본 후에 알게 되었습니다. 마음의 아픔의 크기는… 결코 잃어버린 것들의 많고 적음이나 달라져버린 상황의 경중에 비례하지 않는 것 같습니다.

그래서 재활상담이라는 분야에 대해 정말 열심히 공부하고 싶습니다. 어쩌면 몸보다 더 무너져버렸을지 모르는 그 마음을 세상을 향해 다시 펼쳐보일 수 있도록 돕는 사람, 그리하여 '덤의 삶'을 온전히 살아내도록 돕는 사람, 그 무너진 마음 곁에 함께 앉을 수 있는 사람이 되고 싶습니다. 공감할 수 있는 마음을 가진 전문 상담가가 되고 싶습니다. 우리나라의 환자들도 아무 때나 손쉽게 찾아가 상한 마음을 치료받을 곳이 더 많아져야 한다고 생각합니다. 이 손으로 성형외과 의사는 될 수 없지만, 제가 받은 위로와 평안으로 상한 영혼과 마음을 치료하고 싶습니다. 그렇게 제가 만난 예수님을 전하고 싶습니다.

그리고 화상으로 많은 것을 잃어버린 이들에게 '눈에 보이는 희망'이 되어주고 싶습니다. 화상을 입은 대부분의 환자들은 막대한 치료 비용 때문에 경제적인 고통까지 함께 안고 있습니다. 불을 만지는 직업도 대부분 큰돈을 버는 직업이 아니라 이중고를 겪는 분들을 많이 보아왔습니다. 저처럼 교통사고로 화상을 입는 경우는 극히 드물지요. 때문에 보험 혜택도 받기 어려운 경우가 참 많습니다. 지금 제게 큰돈이 있는 건 아닙니다. 하지만 조금씩 시작할 수 있습니다. 조금씩 시작해서 뜻 있는 분들과 함께 사랑을 모아 저와 같은 아픔을 겪는 분들에게 보탬이 되고 싶습니다. 제가 그동안 받은 큰 사랑들을 나누며 살고 싶습니다.

제 몸이지만 저조차 예상하지 못하고 뜻하지 않았던 일들로 지난 3년여의 시간이 채워졌습니다. 몸은 상하고 아팠지만, 또 불편해졌지만 그 누구도 그 무엇도 범할 수 없는 사랑과 은혜를 맛보았습니다.

세상 사람 누구에게나 고난은 있습니다. 제가 당한 일이 흔히 일어나는 일은 아니지만… 그러나 그 누구에게나 일어날 수 있는 일입니다. 그 고난을 어떻게 이기느냐가 중요한 것이겠지요. 때로는 고난 자체가 가장 큰 축복이 될 수도 있습니다. 저는 이미 그 삶의 비밀을 알게 되었습니다. 지금의 제 얼굴과 짧아진 손가락들, 치료실에서 보낸 수많은 낮과 밤들을 통해서 말입니다.

고난은 축복입니다. 힘겹고 괴로운 시간을 보내고, 이기고 나면 주어지는 보물이 있습니다. 고난을 통하지 않고서는 배울 수 없는, 가질 수 없는 열매들이 얼마나 귀한 것인지… 저는 이제 알 수 있습니다.

누군가 제게 물었습니다. 예전의 모습으로, 사고 나기 전 그 자리로 되돌려준다면 어떻게 하겠냐고. 바보 같다고 할지 모르겠지만… 제 대답은 '되돌아가고 싶지 않다.'입니다.

분명 하나님께서 그 모습을 다시 회복시켜주실 것을 믿고 있고, 또 지금 제 안에 담겨 있는 고난이 가져다준 축복의 보물들은 정말 그 무엇과도 바꾸고 싶지 않기 때문입니다. 예전에는 몰랐던 하나님의 은혜를 알게 되었고 사랑을 맛보았습니다. 정말 중요한 것은 보이지 않는 것 안에 있습니다.

저는 기대합니다. 지금은 상상치도 못할 일들이 앞으로도 펼쳐질 것입니다. 크고 작은 기적들이 일어날 것입니다. 지금의 이 모습이 아니고는, 그간의 아픔을 알지 못하고는 전할 수 없는 메시지들을 전하게 하실 것입니다. 그리고 이 모습이 아니고는 만날 수 없는 사람들을 만나게 하시며, 이런 모습의 저만이 할 수 있는 일들을 분명 제게 맡겨주시리라 믿습니다. 하나님은 지금 여기에 살아 계십니다.

그래서 저는 지금 행복합니다.

이지선 1978년에 태어나 이화여자대학교 유아교육과를 졸업했다.
대학 4학년이던 2000년 여름 불의의 교통사고로 온몸에 화상을 입었지만
천성적인 밝음과 명랑함으로 고통스런 치료 과정을 이겨낸 후 이제는 그 누구보다
당당하고 즐겁게 하루하루를 살아가고 있다. 네티즌들 사이에 이미 화제가 된
홈페이지 '지선이의 주바라기(www.ezsun.net)'를 통해 자신의 행복한 일상을
나누면서 우리 사는 세상에 향기의 꽃씨를 퍼뜨리고 있는 그녀는 앞으로 상담심리학을
공부한 후 마음이 아픈 사람들의 마음 곁에 함께 서고 싶다는 아름다운 꿈을 꾸고 있다.

하정민 홍익대학교 동양화과와 같은 대학교 대학원을 졸업했다.
1989년부터 지금까지 22회의 개인전과 300여 회의 국내외 초대전에 참여했으며
1996년 제15회 대한민국 미술대전 대상을 수상했다. 지금은 홍익대학교 동양화과
겸임교수로 재직하면서 부산대학교와 한남대학교에 출강하고 있다.
홈페이지는 www.hajeongmin.com이다.

지선아 사랑해

© 이지선, 2003

이지선이 글을 쓰고 하정민이 그림 그린 것을 도서출판 이레 고석이 2003년 5월 5일 처음 펴내다.
이현정이 기획 및 책임편집을, 원미선이 내교를, 박소희가 표지꾸밈을, 박애영이 내지꾸밈을,
신태섭이 제작을 맡다. 도서출판 이레의 등록일자는 1995년 6월 8일(제5-352호), 주소는 서울시
마포구 서교동 370-17, 전화는 02-3143-2900, 팩스는 02-3143-2904, 홈페이지는 www.ire.co.kr이다.

2003년 10월 10일 박은 책 (초판 제12쇄)

ISBN 89-5709-004-5 03810